내 성적을
바꿔줄
단 하나의
노트

내 성적을 바꿔줄 단 하나의 노트

지금 바로 시작하는 노트 정리법

서상훈 지음

EXIT

**생각하는 공부의 첫 걸음,
최고의 학습은 노트 정리에서 시작된다!**

더디퍼런스

차 례

1

노트 정리를 잘하려면 자신만의
노트 정리법부터 찾아야 한다

2

닮고 싶은 멘토들의
노트 정리법

노트 정리,
이것만은 꼭 알자

노트 정리 전문가들의
노하우

메타인지와 노트 정리

　최근 몇 년간 교육 시장에서 가장 많이 언급되는 말 중에 하나가 '메타인지'다. 메타인지(Metacognition)란 '인지 과정에 대해 인지하는 능력'을 뜻한다. 메타인지는 아는 것과 모르는 것을 구분하는 능력, 자신의 학습방법을 스스로 모니터링하는 능력이라고 할 수 있다. 메타인지는 '생각기술'이란 말로 바꿀 수 있다. 메타인지는 아무 생각 없이 공부하는 게 아니라 똑똑하게 생각하면서 공부하는 것이라고 할 수 있다.

　메타인지를 '생각하면서 공부하는 것'이라고 했다. 그렇다면 공부와 관련해 어떤 생각을 해야 할까? 공부할 때 메타인지가 잘 작동하려면 다음과 같은 질문들을 생각해야 한다.

학습 동기부여가 되려면 어떻게 해야 할까?

나는 공부를 왜 하는 것일까? 지금 하고 있는 공부가 나에게 어떤 이익이 있는가? 공부는 미래의 내 꿈과 어떤 관련이 있는가? 학습관리를 잘 하려면 어떻게 해야 할까? 예습, 수업, 복습으로 이어지는 3단계 학습법을 어떻게 할 것인가? 국영수사과 과목별 학습법은 어떻게 할 것인가? 어떻게 하면 효율적으로 시간을 관리할 수 있을까? 공부한 만큼 성과를 내는 시험의 기술은 어떤 것일까?

공부할 때 최적의 환경을 어떻게 만들 수 있을까?

학교 교실과 학원 자습실, 독서실, 도서관, 집 공부방 중 어디에서 가장 공부가 잘 되는가? 공부방 환경을 어떻게 최적으로 조성할 것인가? 책상과 의자, 벽지 색깔, 조명, 소리와 냄새 등을 어떻게 할 것인가? 친구들, 이성 친구, 선배나 후배, 부모님, 선생님, 지인이나 어른들 등 사람과의 관계는 어떤가?

어떤 음식을 먹어야 식곤증을 막고 공부에 집중할 수 있는가?

운동은 어떤 종류로 얼만큼 하면 좋은가? 운동을 하기 어렵다면 생활 속에서 운동을 대신할 수 있는 것은 무엇인가? 잠은 언제 얼만큼 자는 것이 좋은가? 공부를 할 때 찾아오는 고민과 스트레스는 어떻게 다스려야 할까? 집중력을 높이려면 어떻게 해야 할까? 이해력을 높이려면 어떻게 해야 할까? 암기력을 높이려면 어떻게 해야 할까?

공부를 할 때 메타인지를 잘 적용하려면 끊임없이 생각을 해야 한다. 위에 소개한 내용들은 큰 틀에서 장기적으로 생각해 봐야 하는 것들이다. 매일 공부를 할 때는 단기적으로 좀 더 작은 것에 집중해야 한다.

오늘 방과 후에는 어떤 과목으로 공부할 것인가?

어떤 교과서나 참고서, 문제집을 선택할 것인가? 교과서를 볼 때는 어떻게 볼 것인가? 참고서는 어떻게 활용할 것인가? 문제집을 풀고 나서 틀린 문제는 어떻게 할 것인가? 외워야 할 것들은 어떻게 암기할 것인가? 완벽한 이해와 암기를 위해 5번 반복을 언제 어떻게 할 것인가? 등에 대해 생각해 봐야 한다. 이런 것들은 매일 작성하는 '일간 학습 플래너'를 통해 자연스럽게 생각해 볼 수 있다.

  학습 효과를 높이기 위해 메타인지 능력을 향상시키려면 '생각 훈련'이 중요하다. 생각 훈련을 위한 최고의 도구는 '노트 정리'라고 할 수 있다. '노트 정리'가 필기한 내용을 바탕으로 공부를 하면서 떠오르는 생각들을 노트에 담아내는 것이기 때문이다. 이 책은 노트 정리를 주제로 지금까지 출판된 거의 모든 책을 참고한 후에 '이론과 방법, 사례'를 포함해 종합적으로 정리한 것이다. 따라서 '노트 정리 생각 훈련'을 통한 메타인지 능력 향상을 위해 최고의 교과서로 손색이 없을 것이다.

  처음부터 끝까지 노트 정리와 관련된 내용으로 가득 채워져 있기 때문에 읽으면서 자연스럽게 생각의 흐름에 몸을 맡기기만 하면 된다. 만약 별다른 생각이 떠오르지 않거나 생각하기가 어렵다면 각 챕터의 맨 마지막에 있는 '지금까지 다뤘던 내용의 확인 질문'에 대한 답변을 생각해 보는 것도 좋다. 쉽고 간단한 생각 훈련을 체험해 보고 싶다면 각 챕터의 마무리에 있는 '지금까지 다뤘던 내용의 요약정리'를 그대로 필사하고, '텍스트 중심의 노트 정리'와 '이미지 중심의 노트 정리'를 따라해 볼 것을 권장한다. 생각 훈련의 효과를 좀 더 높이려면 책을 읽으면서 떠오르는 생각들을 책의 본문 여백에 메모하면 된다. 최고 수준의 생각 훈련에 도전해 보고 싶다면 노트와 필기구를 준비해서 이 책의 내용을 바탕으로 자신만의 노트를 만들면 된다. 그 과정에서 이 책의 궁극적인 목표인 '자신만의 노트 정리법'이 자연스럽게 완성될 것이다.

'노트 정리가 최고의 학습법 중에 하나다.'라는 말이 있다. 이에 빗대어 '노트 정리는 최고의 메타인지 훈련 도구 중에 하나다.'라고 말하고 싶다. 모쪼록 이 책을 통해 '노트 정리'가 곧 '메타인지 생각 훈련'이라는 것을 확인하는 사람들이 많아지길 바란다. 메타인지 향상을 통해 생각하는 힘(사고력)이 커지면 공부가 좀 더 즐거운 일이 될 것이다. 행복한 공부의 세계로 여러분을 초대한다.

이 책의 활용방법

1. 이 책은 노트 정리에 관한 이론, 방법, 사례를 모두 포함하고 있다. 따라서 효과적인 동기부여를 위해 좌뇌를 많이 쓰는 이성형 시각적 학습자라면 '이론'부터, 우뇌를 많이 쓰는 감성형 청각적 학습자라면 '사례'부터, 몸을 많이 쓰는 행동형 운동감각적 학습자라면 '방법'부터 보는 것이 좋다.

2. 이 책은 노트 정리를 주제로 지금까지 출판된 거의 모든 책을 참고한 후에 종합적으로 정리했으므로 목차의 순서대로 보지 않아도 되며, 자신의 관심도에 따라 순서를 바꿔 봐도 된다. 하지만 기초부터 심화까지 체계적인 노트 정리법을 배우고 싶은 초보자라면 순서대로 보는 편이 더 좋다.

3. 이 책은 기억과 학습의 원리에 따라 좌뇌와 우뇌를 모두 활용하기 위해 텍스트를 중심으로 하되 적절히 이미지를 활용하였고, 누적 복습이 자연스럽게 이루어지도록 중간 중간 요약정리를 넣어 편집했다.

4. 이 책은 '자신만의 노트 정리법'을 완성하는 것을 목표로 한다. 다 읽은 후에는 가장 쉽다고 생각되는 방법을 하나만 정해서 자신의 것으로 만들기 위한 지속적인 반복과 연습, 훈련을 하자.

5. 이 책에 소개된 내용 중에서 이해가 잘되지 않거나 좀 더 구체적인 내용과 사례가 필요하다면 맨 뒤에 소개하는 '참고문헌'을 보거나 실습 중심의 워크숍 혹은 캠프에 참여하기 바란다.

　이 책은 구성력이 탁월한 1편의 드라마 같다. 이 책을 읽으면서 나의 학창 시절을 떠올려 보았다. '나는 노트 필기를 어떻게 했더라?' 열심히 노트 필기를 하다가 글씨가 마음에 안 들면 그 페이지를 뜯어내곤 했던 기억이 난다. 내용보다는 보이는 면에 집중했던 모양이다. 하긴 그때는 노트 필기한 내용을 수시로 점검했으니까. 공부 자체는 즐겁지 않았어도 국어와 미술을 좋아했던 나에게 노트 필기는 즐거운 추억 쪽에 속하는 듯하다.

　레오나르도 다빈치, 아이작 뉴턴, 다산 정약용의 노트 정리법과 뛰어난 성과를 거둔 성공인들의 메모기술을 읽으며, 나도 예쁜 노트를 사서 분류해놓고 그동안 생각만 해왔던 '나만의 노트 정리를 해보고 싶다'는 생각이 강하게 들었다. 위대한 인물들의 공통점을 보면 책을 좋아했고, 책이나 사물에서 얻은 영감을 기록해둔 자신의 기록을 소중히 여겼다. 나는 그동안 많은 책을 읽어왔고 강연을 들어왔지만, 그때그때 아무 수첩에나 대충 적어놓고 나중엔 어디 됐는지 모르는 식이었다.

최근에는 모든 일정을 쉽게 수정하고 지울 수 있는 휴대전화 캘린더에 정리하곤 했고, 중요한 아이디어나 기록조차 편리성 때문에 휴대전화 메모지를 활용하곤 했다. 하지만 휴대전화를 바꿀 때마다 모든 기록이 사라져버리게 마련이다. '내 기록이 모두 사라져버렸는데 아깝다는 생각도 못 해봤구나!' 책을 읽는 내내 아쉬움이 무척 컸다. 2016년부터는 예전처럼 다시 수첩에 꼼꼼히 적어보리라! 이 책의 독자 여러분도 나처럼 노트 정리를 하고 싶다는 강한 유혹을 느끼게 될 것이다.

이 책은 입문-초급-중급-고급-심화로 세분화된 노트 정리방법을 소개하고 있다. 이제《내 성적을 바꿔줄 단 하나의 노트》하나면 누구나 자신만의 머릿속 보물을 꺼내어 생명력 있는 기록으로 남기게 될 것이다. '기록은 기억을 지배한다'는 명언대로 말이다.

'디지털 시대에 때 아닌 아날로그 노트 정리냐' 싶었지만, 노트 정리의 의미를 읽으니 무릎이 탁 쳐진다. 이제껏 노트 필기와 노트 정리의 차이를 구분하여 생각해본 적이 없어서인지 '노트 정리' 속에 자신의 '생각'이 녹아 있다는 것조차 몰랐던 것이다.

또한 생각만이 아니라 종이에 무언가를 적는다는 것은 '감성'을 자극하는 일이라고 한다. 디지털 세대인 요즘 아이들은 느끼지 못하는 감성이겠지만, 우리 세대까지만 해도 종이 1장 놓고 어떤 글부터 써야 할지 망설이며 설렜던 기억 하나쯤은 있을 것이다. 나 역시 디지털 시대를 살면서 언젠가부터 소녀 감성을 다 잊은 듯하다. 국어를 좋아했던 나는 결혼을 하고 30대까지도 연말이면 지인들에게 일일이 크리스마스카드와 함께 예쁜 탁상달력을 선물하곤 했는데 말이다. 손 편지가 거의 사라진 요즘, 알록달록 예쁜 펜과 예쁜 필통 그리고 예쁜 종이를 사서 아날로그 감성의 편지를 써봐야겠다.

(주)코리아에듀테인먼트 대표 유현심

노트 정리를 잘하려면 자신만의 노트 정리법부터 찾아야 한다

'결과'가 아니라
'과정'에 주목해야 한다

지난 10년 동안 학습법을 연구하면서 '학습 도구'의 중요성에 대해 지속적으로 강조해왔다. 그래서 언젠가부터 대표적인 학습 도구를 주제로 책을 내면 좋겠다고 막연히 생각했는데, 그 첫 번째 대상이 바로 '노트'였다.

'노트 정리'를 주제로 책을 쓰기 위해 국립중앙도서관과 어린이·청소년도서관, 대형서점에 들러서 관련 책을 검색해봤더니 20권 정도밖에 없었다. 노트 정리의 역사와 전통, 학습에서의 중요성을 감안할 때 이해가 되지 않을 정도로 적은 숫자였다. 최소한 100권 이상은 될 거라고 예상했는데 말이다.

게다가 대부분 우등생이나 공신이라 불리는 성공학습자들의 실제

노트 정리 사례를 담은 책이었다. 보통 사람들이 이런 책을 보고 도움을 얻기란 거의 불가능하다. 왜냐하면 '나는 이런 식으로 노트 정리를 했으니 당신도 따라 하면 됩니다'라고 친절하게 안내를 하지만, 구체적인 과정은 생략하고 겉으로 드러난 결과만 보여주는 경우가 많아서 공부 스타일과 환경, 조건이 비슷한 사람이 아니라면 기대와는 다른 결과가 나오기 때문이다.

이는 야구를 좋아하는 사람이 괴물투수 류현진 선수의 투구 폼이나 국민타자 이승엽 선수의 타격 폼을 시청하면서 흉내 내는 것과 같다. 방송을 많이 보면 비슷하게 따라 할 수는 있을 것이다. 하지만 류현진 투수처럼 메이저리거 강타자들을 제압할 수 있는 빠르고 변화무쌍한 공을 던질 수 있을까? 이승엽 타자처럼 홈런을 칠 수 있는 빠르고 강한 스윙을 할 수 있을까? 초등학생에게 물어봐도 '그렇지 않다'고 답변할 것이다.

그렇다면 어떻게 해야 류현진 투수처럼 위력 있는 공을 던지고, 이승엽 타자처럼 시원한 홈런을 칠 수 있을까? 일단 신체 조건이 야구 선수를 하는 데 적합해야 할 것이다. 2011년 2월, 미국의 MLB 네트워크에서 전문가 4명이 모여 '최고의 야구 선수가 되기 위한 신체조건'이란 주제로 흥미로운 토론을 했다. 전문가들은 스피드와 파워를 갖춘 튼튼한 하체, 강한 어깨와 손목을 가진 상체, 동물적인 수비와 선구안 능력, 게임을 지배하고 심리전에서 이길 수 있는 영리한 두뇌, 야구에 대한 뜨거운 열정 등을 최고 야구 선수의 조건으로 꼽았다. 투수와 포수, 내야수와 외야수 같은 수비수로 나서든 타자와 주자 같은 공격수로 나서든 기본적으로 갖추어야 할 동일한 요건이다.

신체조건만 훌륭하다고 뛰어난 야구 선수가 되는 것은 아니다. 예를 들어 최고의 투수가 되려면 볼의 구속과 움직임, 컨트롤이 훌륭해야 한다. 타자의 선구안을 교란시키고 배팅 타이밍을 제압할 수 있는 위력을 갖추어야 하기 때문이다. 그 볼의 위력은 팔에서 나오는 것이 아니다. 튼튼한 하체와 강한 허리가 빠르고 변화무쌍한 공을 던질 수 있는 비결이다. 그래서 투수들은 훈련할 때 스트레칭으로 몸을 풀고, 달리기로 하체를 강화시키고, 웨이트트레이닝으로 허리 힘을 키운다. 이렇게 기초체력을 다진 후에야 본격적인 훈련을 하기 시작한다.

훈련을 거듭하면서 자신의 투구 스타일을 완성시켜나간다. 정통파와 사이드암, 언더스로 중에서 어떤 투구 폼이 잘 맞을 것인가? 선발 투수와 중간 계투, 마무리 투수 중에서 어떤 역할을 맡으면 좋을 것인가? 커브와 슬라이더, 포크볼, 패스트볼 중에서 어떤 변화구를 주무기로 삼을 것인가? 유인구와 견제구, 위협구 등은 언제 어떨 때 던져야 하는가? 어떻게 해야 실투를 줄일 수 있을까? 이렇게나 생각해야 할 요소가 많다. 지속적으로 이런 고민을 하면서 실전 경험을 쌓아나가다 보면 어느새 뛰어난 선수로 성장하게 되는 것이다.

메이저리거 류현진 투수의 멋진 투구 모습이라는 '결과'가 있기까지는 엄청나게 많은 '과정'이 숨어 있다. 변화와 성장, 목표 달성에 성공하려면 '결과'를 따라 하기보다는 '과정'을 차례차례 밟아야 한다. 마찬가지로 멋진 노트를 보고 '와아!' 하는 감탄사만 내뱉을 것이 아니라 어떤 과정을 거쳤는지를 살펴보면서 과정 하나하나에 주목해야 한다.

이제 지금까지 그토록 많은 성공학습자들의 노트 정리 사례를 방송이나 책으로 접했음에도 불구하고 왜 아직도 노트 정리에 대한 고민이 사라지지 않았는지 첫 번째 이유를 알게 되었을 것이다. 그렇다, '과정'이 아니라 '결과'에 주목했기 때문이다. 여기서는 그동안 어디에서도 볼 수 없었던 노트 정리에 대한 다양한 '과정'을 접하게 될 것이다. 노트 정리의 달인으로 거듭날 수 있는 절호의 기회가 찾아왔다는 생각이 들지 않는가?

'도구'에 사람을 맞추지 말고,
'사람'에 도구를 맞춰야 한다

앞서 공부 스타일과 환경, 조건 등의 변수가 다른 결과를 가져온 다고 언급했다. 우리가 어떤 노트 정리법을 활용할 때 오류가 생겨서 고민하는 두 번째 이유는 노트라는 '도구'에 사람을 억지로 끼워 맞추기 때문이다. 성격에 따라 노트 정리 자체를 별로 좋아하지 않는 사람도 있고, 따로 노트를 쓰기보다는 책에 바로 메모하며 공부하는 사람도 있고, 손이 불편하거나 악필이라서 노트 정리를 싫어하는 사람도 있다.

그런데 보통은 여러 변수를 고려하지 않고 특정한 노트 양식이나 방법을 정해놓은 다음 무조건 끼워 맞추려고 한다. 그래서 문제가 생기는 것이다. 이런 문제를 없애려면 학습자의 성격과 공부

방법, 신체조건 등을 고려해 각자의 스타일에 적합한 '자신만의 노트 정리법'을 찾아야 한다. 자신만의 노트 정리법을 찾으려면, 노트 정리를 잘하려면 어떤 요소가 필요한지 알아야 하고, 내가 쉽고 편하게 쓸 수 있도록 노트 정리방법을 응용해서 자신에게 도구를 맞춰야 한다. 우선 기본적으로 꼭 알아야 할 몇 가지 내용부터 살펴보자.

노트를 포함한 어떤 학습 도구든 제대로 활용해서 효과를 보려면 크게 2가지가 필요하다.

첫째는 '동기부여'다. 노트를 예로 들면 '노트 정리를 왜 해야 하는가?' '노트 정리를 하면 나에게 어떤 이익이 있는가?' '노트 정리로 성적 향상이나 목표 달성에 성공한 사례가 있는가?' 등의 질문에 나름의 답변을 할 수 있어야 노트 정리를 하고 싶은 마음, 즉 '동기부여'가 생긴다.

둘째는 '구체적인 방법'이다. 노트 정리에 대한 동기부여가 생겼더라도, 실제로 공부를 하면서 노트 정리를 할 때 활용할 수 있는 구체적인 방법을 모르면 기껏 부풀어 오른 의욕이 사라질 수 있다. 구체적인 방법을 활용하려면 3가지를 종합적으로 알아야 한다.

(1) 어떤 이론과 원리를 바탕으로 하고 있는가? (2) 단계별 프로세스와 세부 과정은 무엇인가? (3) 나에게 맞게 응용하려면 어떻게

해야 하는가? 여기에 답을 할 수 있어야 자신만의 맞춤식 노트 정리법을 찾을 수 있다.

몇 년 동안 방학 기간에 노원평생교육원에서 초등학생과 중학생을 대상으로 일주일 정도 등하교 형태의 자기주도학습캠프를 운영했다. 마지막 날에는 성공학습자들의 노트 정리방법을 담은 동영상을 몇 편 보여준 후 '완전학습노트'와 '마인드맵'에 관한 이론과 원리, 단계별 프로세스를 설명했다. 그런 다음 각자 자신의 교과서나 참고서를 읽고 노트 정리를 하라고 했다.

결과는? 모두 제각각이었다. 어떤 학생은 책의 목차처럼 위에서 아래로 중요한 내용을 나열했고, 어떤 학생은 다이어그램을 그리듯이 여러 가지 박스와 도형으로 연결했다. 또 다른 학생은 마인드맵처럼 핵심 주제를 중심으로, 관련 내용을 방사형으로 펼치기도 했다.

여기서 '노트 정리'를 잘할 수 있는 핵심 비결을 발견할 수 있다. 바로 학생들이 어떤 특정한 노트 정리법을 그대로 따라 한 것이 아니라, 여러 방식을 접한 후에 각자 나름의 방법으로 노트 정리를 했다는 사실이다. 물론 노트 정리를 잘하는 아이도 있었고 못 하는 아이도 있었다. 중요한 것은 한 명도 빠짐없이 노트 정리를 했다는 사실이다. 그것도 억지로 시키거나 강요해서가 아니라 자발적으로 하고 싶어서 말이다.

그리고 자신이 작성한 노트를 흐뭇한 표정으로 바라보면서 자신 있게 보여줬다. 나는 그저 환한 미소를 지으며 참 잘했다는 칭찬만 해주었다. 앞으로 아이들이 평생 즐겁게 노트 정리를 하게 되길 기대하면서 말이다. 이런 소박한 기대는 아이들의 밝은 표정에 실려 교실을 웃음으로 가득 채웠다.

조선 후기 서민 문화의 발달

조선 전기의 문화가 양반 중심이었다면 조선 후기의 문화는 서민 중심이었다. 서민은 아무런 벼슬이나 관직이 없는 평범한 백성을 말한다. 조선 후기의 서민들은 어떤 문화를 즐겼는지 '특징'과 '도구'를 통해서 살펴보자.

조선 후기에는 서민들의 삶에 많은 변화가 있었다.

첫째, 모내기법으로 인해 농업 생산량이 늘어났다.

둘째, 광작이 가능해지면서 상업이 발달했다.

셋째, 농업과 상업의 발달로 부유한 서민이 늘어났다.

이런 변화를 바탕으로 경제적 여유가 있는 서민들이 문화와 예술에 관심을 가지게 된 것이다.

대표적인 서민 문화로는 판소리가 있는데, 하나의 이야기를 노래(소리)와 설명(아니리), 몸짓(발림)으로 표현한 것이다. 이야기를 하는 소리꾼이 북을 치는 고수의 북장단에 맞춰 이야기를 재미있게 전달한다. 관중은 추임새를 넣으며 함께 즐길 수 있어서 서민들에게 큰 호응을 얻었다. 판소리는 서민들 사이에서 시작되었지만 이후 양반들도 많은 관심과 흥미를 가졌다.

1. 노트 정리를 잘하려면 자신만의 노트 정리법부터 찾아야 한다

판소리는 원래 12마당이 있었지만 현재는 5마당만 전해오고 있다. 춘향과 이몽룡의 사랑 이야기를 담은 〈춘향가〉, 효에 대한 심청이의 이야기를 담은 〈심청가〉, 아픈 제비의 다리를 고쳐주고 부자가 된 이야기를 담은 〈흥부가〉, 아픈 용왕을 위해 토끼 간을 구하러 간 거북이의 이야기를 담은 〈수궁가〉, 중국 《삼국지연의》에 나오는 적벽대전 이야기를 담은 〈적벽가〉이다.

서민 문화를 보여주는 것 중에는 '탈놀이'도 있다. 마을 굿에서 발전한 것으로, 굿판에서 제사를 지낸 뒤에 마을 사람들의 흥을 돋우기 위해 행하였던 일종의 연극이다. 주로 지배층인 양반과 그들에게 의지하던 승려에 대한 풍자, 서민생활의 실상과 어려움을 담고 있다. 상인들의 지원을 받아서 장시에서 공연을 했으므로 서민들이 쉽게 참여할 수 있었다.

탈놀이는 지역마다 특색이 달랐는데, 송파 산대놀이, 강령탈춤, 고성 오광대놀이, 봉산 탈춤 등이 유명하다.

서민 문화는 '서민문학'에서도 엿볼 수 있다. 조선 후기에 들어서며 서민들도 문학을 즐기게 되었기 때문이다. 서민문학은 크게 2가지로 나눌 수 있다. '사설시조'와 '한글소설'이 대표적이다.

사설시조는 기존의 시조에 비해 형식이 자유롭고 서민들의 감정을 솔직하게 담은 것이 특징이다. 주로 남녀 간의 사랑 이야기나 사회에 대해 비판하는 내용이 많았다. 한글소설은 대부분 지은이를 알 수 없었지만 일반 서민들에게 매우 인기가 많았다. 글을 아는 사람이 소설을 읽어주었기 때문에 글을 모르는 일반 서민들도 즐길 수 있었다. 대표적인 한글소설로는 〈홍길동전〉 〈춘향전〉 〈심청전〉 〈흥부전〉 〈장화홍련전〉 등이 있다. 그중에서도 가장 유명한 것은 허균이 쓴 우리나라 최초의 한글소설인 〈홍길동전〉이다. 실존 인물이었던 홍길동이 주인공으로, 서얼 차별 철폐, 탐관오리에 대한 응징, 새로운 국가 건설에 대한 열망, 서민들의 바람 등이 담겨 있다.

조선 후기에 판소리와 탈놀이, 서민문학 등의 서민 문화가 발달할 수 있었던 이유는 크게 3가지다.

첫째, 서민들이 직접 참여할 수 있었다.

둘째, 당시 지배층이었던 양반들에 대한 풍자를 담고 있었다.

셋째, 서민들의 감정을 솔직하게 드러낼 수 있었다.

조선 후기에 서민들이 즐겨 그리던 그림은 '민화'였다. 민화는 서민들의 생각을 자유롭게 그린 실용적 그림을 말한다. 서민뿐만 아니라 그림을 관리하던 관아인 도화서의 화가들도 민화를 그렸다.

사람들은 일상생활에서 항상 접하는 해와 달, 나무 등의 다양한 소재를 자유롭게 사용하여 민화를 그렸다. 민화에는 행복하게 살고 싶은 서민들의 소망이 담겨 있었는데, 벽에 걸거나 병풍으로 집 안을 장식했다. 대표적인 민화로는 새해를 맞이하며 까치와 호랑이가 좋은 소식을 가져다주길 바라는 마음을 담은 〈작호도〉, 부부를 의미하는 한 쌍의 새를 통해 화목한 부부가 되고 싶은 바람을 담은 〈화조도〉, 오래도록 행복하게 살고 싶은 바람을 담은 〈백수백복도〉, 한자를 변형시켜 그린 〈문자도〉 등이 있다.

조선 후기의 서민 문화를 보여주는 그림으로 '풍속화'도 있다. 풍속화는 서민들의 생활 모습을 재미있고 실감 나게 표현한 그림이다.

풍속화의 대표적인 화가 중 한 명인 김홍도는 궁궐의 도화서 화가였으나 서민들의 모습을 정감 있게 표현한 그림도 많이 남겼다. 아이들이 서당에 모여서 공부하는 모습을 그린 〈서당도〉, 춤추는 아이의 모습을 생동감 있게 표현한 〈무동도〉, 씨름하는 모습뿐만 아니라 씨름 구경하는 모습을 실감 나게 표현한 〈씨름도〉 등의 작품이 있다.

풍속화로 잘 알려진 화가가 한 명 더 있는데, 바로 신윤복이다. 그는 주로 양반과 서민의 불평등한 관계, 여성들의 생활 모습 등을 소재로 삼아 그렸다. 아름다운 여성의 모습을 세밀하게 표현한 〈미인도〉, 단옷날 여인들이 창포물에 머리 감는 장면을 현실감 있게 표현한 〈단오 풍경〉 등의 작품이 있다.

서민 문화는 당시 사람들이 사용했던 도자기와 생활용품 등의 도구를 통해서도 알 수 있다. 먼저 도자기에는 옹기와 분청사기, 백자 등이 있다.

옹기는 삼국 시대 이전부터 만들어 사용하던 것으로 서민들도 즐겨 사용했다. 옹기는 표면에 작은 숨구멍이 있어서 음식을 오래 보관할 수 있고, 자연에서 얻은 재료로 만들어서 우리 몸에 해롭지도 않기 때문에 여러 가지 용도로 다양하게 만들어서 사용했다.

분청사기는 '청자 표면에 백토를 분장하였다'는 뜻인 분장회청사기의 준말이다. 분청사기는 표현방법이 자유롭고 개성적인 모양이 많아서 고려청자에 비해 많은 사람이 사용했다. 백자는 흰 도자기를 뜻하며 색과 모양이 간결한데, 실용성을 강조해서 서민들에게

널리 이용되었다. 백자 중에서도 청화백자는 흰 바탕에 푸른색으로 나무, 꽃, 새 등을 은

은하게 그려 우리만의 아름다움을 잘 표현했다. 백자는 조선 시대 전 기간에 걸쳐 오랫동

안 제작되었고, 사람들의 일상생활에 폭넓게 사용되었다.

　생활용품으로는 나전칠기와 떡살, 조각보 등이 있다.

　나전칠기는 그릇이나 나무에 옻칠을 한 후 조개껍데기 등으로 장식한 공예품인데, 물

건의 겉에 옻칠을 했기 때문에 오랫동안 사용할 수 있었다.

　떡살은 떡을 찍을 때 무늬를 넣는 도구인데, 떡이 더 맛있어 보이도록 한다.

　조각보는 여러 조각의 헝겊을 붙여서 만든 보자기인데, 조상들의 절약 정신과 실용성,

예술성을 엿볼 수 있다.

⊙ 조선 후기 서민 문화의 발달
　0. 이유
　　1) 모내기법 → 농업 생산력 ↑
　　2) 광작 → 상업 발달　) 부유한 서민 ↑ ⇒ 문화예술
　　　　　　　　　　　　　　　　　　참여 증가

　1. 판소리
　　1) 이야기: 노래 + 설명 + 몸짓 (소리꾼, 고수, 관중)
　　2) 5마당: 춘향가, 심청가, 흥보가, 수궁가, 적벽가

　2. 탈놀이
　　1) 연극: 마을 곳곳에서 발전 (양반과 승려 풍자, 서민 생활)
　　2) 지역특색: 송파 산대놀이, 강령탈춤.
　　　　　　　　 고성 오광대 놀이. 봉산 탈춤.

　3. 서민 문학
　　1) 사설 시조
　　　① 자유 형식. 솔직 감정 (서민 이야기. 사회 비판)
　　2) 한글 소설
　　　① 지은이 X, 낭독 O → 서민 인기 증가
　　　② 홍길동전. 춘향전. 심청전. 흥부전. 장화홍련전
　　　── 홍길동전 (허균): 한글소설 한문/서얼. 서얼 차별철폐
　　　　　　　　　 탐관오리 처벌. 새로운세상. 서민 비판
　　4) 서민 문화 발달 이유: 서민 참여. 양반 문화. 감상 문화

　4. 미술
　　1) 민화: 자유로운 생략 → 실용적인 그림 (서민. 화가)
　　　① 다양한 소재. 서민 개성. 복잡성. 방법
　　　② 작호도 (까치. 호랑이), 화조도 (부부 새)
　　　　　 백수백복도 (장수), 문자도 (그림 한자)
　　2) 풍속화: 서민 생활상 재미 + 실용 표현
　　　① 김홍도: 서당도. 무동도. 서름도
　　　② 신윤복: 미인도. 단오풍경

　5. 도자기
　　1) 옹기: 표면 숨구멍. 음식 보관. 몸에 유익
　　2) 분청사기 (분장회청사기): 자유로운 표현. 개성적인 모양
　　3) 백자 (청화백자): 색과 모양 간결. 실용성 강조

　6. 생활 용품
　　1) 나전칠기: 그릇이나 나무에 옻칠 → 그릇 겉에 광택
　　2) 먹살: 먹에 무늬 넣는 도구 → 먹갈 ↑
　　3) 자개농 (청설묘치미): 장롱(부자). 생활상. 예술성

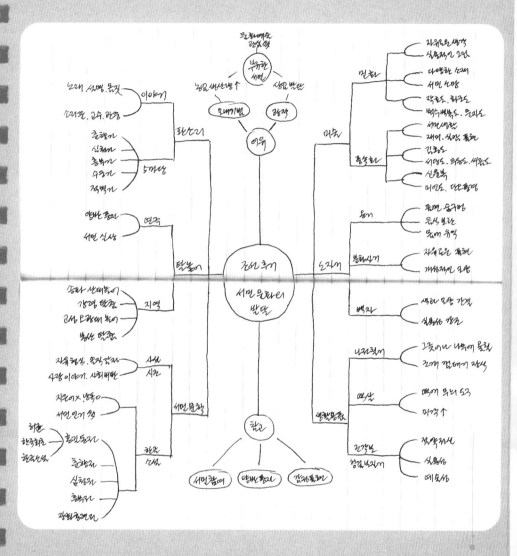

이미지 중심의 노트 정리

1. 노트 정리를 잘하려면 자신만의 노트 정리법부터 찾아야 한다

지금까지 다뤘던 내용의 요약정리

21세기 디지털 시대를 살고 있는 우리에게 '아날로그 노트 정리의 의미란 무엇인지'를 먼저 살펴봤다. 노트 정리를 한마디로 얘기하면 '머릿속에 있는 생각과 지식을 눈에 볼 수 있도록 구체화시키는 일'이다. 우리는 눈에 보이는 것만 실천할 수 있고 피드백도 가능하므로, 노트 정리를 통해 머릿속 지식을 밖으로 끄집어내야 확인과 수정, 보완을 할 수 있다.

'노트 필기'는 수업 내용을 그대로 받아쓰기 하는 것이고, '노트 정리'는 공부한 생각을 노트에 담아내는 것이다. 생각이 빠진 노트 필기를 하지 말고 생각이 들어간 노트 정리를 해야 한다. 결국 노트 정리의 차이의 본질은 '생각의 차이'다. 정신적 집중 요인이 많았던 과거에 비해 방해 요인이 많은 요즘에는 생각하는 것이 어렵다. 하지만 쉽고 간단하게 생각 환경을 만드는 방법이 있는데, 바로 노트를 펼치는 것이다.

앞서 말하였듯이 노트 정리를 하려면 자신만의 노트 정리법부터 찾아야 한다. 그러려면 '결과'가 아니라 '과정'에 주목해야 한다. '도구'에 사람을 맞추지 말고, '사람'에 도구를 맞춰야 한다. 그리고 '동기부여'와 '구체적인 방법'이 조화를 이루어야 한다. 이것은 노트 정리뿐만 아니라 모든 학습 도구를 자신의 것으로 만들기 위해 공통적으로 적용되는 중요한 사항이다.

⊙ 오프닝

1. 시작하기 전에
1) 노트정리 : 머릿속 생각과 지식 → 시각화, 구체화
   ⇒ 실천과 피드백 (확인, 수정, 보완) 가능
2) 노트필기와 노트정리
   ① 노트필기 : 수업내용 받아쓰기 → 생각X
   ② 노트정리 : 완벽한 생각 정리 → 생각O
3) 노트정리의 의미
   ① 리노베이션과 생각의 모든 과정 수록
   ② 몰입의 도구 : 생각의 타임머신, 기억의 메신저
   ③ 성장과 발전 : 행복지수 향상
   ④ 창의적 문제해결 능력 향상

텍스트 중심의 노트 정리

2. 프롤로그
1) 자신만의 노트정리법 찾기
   ① '결과'가 아니라 '과정'에 집중하기
   ② '도구'에 사람 맞추지 X → '사람'에 도구맞추기
   ③ '듣기부여'와 '구체적인 방법'의 조화

이미지 중심의 노트 정리

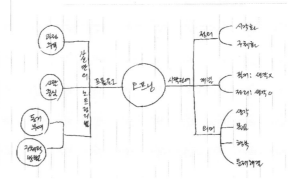

1. 노트 정리를 잘하려면 자신만의 노트 정리법부터 찾아야 한다

● 지금까지 다뤘던 내용의 확인 질문 ●

☑ 노트 정리를 한마디로 얘기하면 무엇인가?

☑ '노트 필기'와 '노트 정리'의 차이점은 무엇인가?

☑ 자신만의 노트 정리법으로 노트 정리를 잘하려면 무엇
이 필요한가?

☑ 21세기 디지털 시대에 아날로그 노트 정리의 의미는 무
엇인가?

☑ 나는 왜 노트 정리를 해야 하는가?

2

닮고 싶은 멘토들의
노트 정리법

인류 역사를 바꾼 천재들의
탁월한 노트 정리법

인류의 위대한 천재 중 당당히 1위로 손꼽히는 사람은 15세기 르네상스 시대의 대표적인 전인적 인간으로 불리는 레오나르도 다빈치다. 그는 화가이자 조각가, 발명가, 건축가, 기술자, 해부학자, 식물학자, 천문학자, 지리학자, 음악가 등으로 활동했으며, 각 분야에서 모두 뛰어난 업적을 남겼다. 그가 살던 시대는 구텐베르크가 인쇄술을 발명했고(1450년), 콜럼버스가 신대륙을 발견했으며(1492년), 종교개혁이 시작되는(1517년) 등 르네상스가 활짝 꽃피던 시기였다. 종교가 지배하던 중세의 암흑시대에서 실제적인 경험과 이성적 판단의 시대로 넘어가는 변화의 시기에 다빈치는 예술가와 과학자, 사상가로 빛을 발했다. 역사가 헬렌 가드너는 '그의 정신과 개성은 우리에게 진정한 초월적 천재의 모습이 어떤 것인지를 보여준다'고 평하기도 했다.

1994년 마이크로소프트사의 빌 게이츠는 경매에서 레오나르도 다빈치의 연구 노트를 3080만 달러에 구입해 전 세계 사람들을 놀라게 했다. 이 노트에는 화석과 유체역학, 달의 광도 등 과학 관련 연구 과정이 기록되어 있었다. 빌 게이츠는 이 노트를 박물관에 빌려주기도 하고, 스캔 후 CD로 만들어 온라인 서점에서 구매할 수 있도록 했으며, 스케치의 일부를 윈도 화면에 넣기도 했다.

다빈치는 자신의 시간을 3등분하여 사용했다. 아침에는 과학 연구를 하고, 오후에는 후원자가 주문한 작품 만드는 일을 했으며, 저녁에는 인체 해부를 하면서 또 다른 탐구를 했다. 탐구 과정에서 작성한 그의 노트에는 단편적으로 머릿속을 맴돌던 생각이 글과 그림으로 형상화되었던 감격적인 순간이 담겨 있다. 하지만 다빈치는 자신의 지적 욕구와 방황이 사람들의 시기와 질투로 인해 이단 시비에 휘말릴까 봐 항상 불안해했다. 그래서 자신의 생각을 남들이 알아보기 힘들게끔 노트의 글씨를 거울에 비춰봐야 정상으로 보이는 형태로 썼다.

다빈치는 과학자로서 눈에 보이는 사실을 관찰하고 정보를 수집하며 탐구했고, 예술가로서 탐구한 내용을 그림으로 정확히 묘사했으며, 학자로서 정밀한 감각의 언어로 표현했다. 이런 과정에서 그의 노트는 사고를 성숙시켜서 새로운 것을 만들어내는 공장의 역할을 했다. 그는 글씨와 그림을 모두 사용하며 노트 정리를 했는데, 글씨를 쓸 때는 주로 좌뇌를 사용하고, 그림을 그릴 때는 우뇌를 사용했다. 좌뇌와 우뇌를 동시에 사용하면 어떤 결과를 낼 수 있는지 그의 노트를 통해 알 수 있다.

몇 년 전 강의를 위해 제주도에 갔다가 다빈치뮤지엄(레오나르도 다빈치 과학박물관)에 들렀다. 이곳은 다빈치의 위대한 예술 세계와 과학기술의 업적을 소개하고, 우리의 인재들이 창조적 미래를 꿈꿀 수 있도록 돕기 위해 설립되었다. 다빈치의 위대함은 그가 고안해서 노트에 스케치한 물건이 대부분 실제로 작동한다는 점이다. 그가 스케치한 사각뿔 모양의 낙하산을 히말라야에서 실험한 결과 성공적으로 작동했고, 물의 도시 베네치아에서 설계한 잠수복은 공기 주입방식과 돼지가죽에 기름을 입힌 방수 소재 등이 모두 실현 가능하다고 입증되었다. 그의 노트에 간단히 그려둔 자전거에는 체인과 크랭크 장치와 페달이 달려 있는데, 현대의 자전거와 매우 비슷해서 놀랍기만 하다.

다빈치뮤지엄은 역사적 고증을 거쳐 제작된 다빈치의 과학 발명품 300여 점을 이탈리아 현지로부터 직접 공수해와 전시하고 있다. 이곳에는 르네상스 시대의 작품을 원형 그대로 재현한 물건과 다빈치가 직접 기록한 수기 노트(코덱스), 과학 발명품을 테마별로 구성해두었다. 마치 이탈리아 현지에 와 있는 듯한 감동마저 느껴진다. 전문 해설사의 전시 작품 안내프로그램도 운영 중이고, 방문자가 직접 작품을 만지고 동작해볼 수 있는 체험도 가능하며, 다양한 학습프로그램도 마련되어 있으므로, 직접 방문해보면 더욱 좋다(다빈치뮤지엄 http://www.davincimuseum.co.kr).

아이작 뉴턴은 17세기 과학혁명의 상징적인 인물로 광학과 역학, 수학 분야에서 뛰어난 업적을 남겼으며, 만유인력의 법칙을 발견한 것으로 유명하다. 뉴턴이 살았던 17세기 유럽은 세계의 종말이 다가온 것처럼 혼란스러웠다. 페스트로 죽은 사람을 태우는 연기와 냄새가 도시의 광장을 뒤덮었고, 하늘에서는 긴 꼬리를 가진 이상한 별이 지구를 향해 돌진하고 있었다. 돈에 눈이 먼 사람들은 페스트로 죽은 친척들의 재산을 차지하려고 다퉜고, 절망적인 상황을 퇴폐와 향락으로 잊으려는 사람들도 많았다. 심지어 종교와 관련해 과학적 사실을 말하면 화형될 위험도 있었다. 이런 광기의 시대에 뉴턴이라는 천재는 어떻게 만들어졌을까?

어떤 이는 뉴턴이 페스트를 피해 고향으로 돌아간 기간에 과수원을 거닐면서 깨달음을 얻었다고 하고, 어떤 이는 케임브리지 근처에서 인비지블칼리지를 열었던 로버트 보일의 영향 때문이라고 한다. 또 다른 이는 뉴턴의 조수였던 험프리의 증언에 따라 뭔가를 쉴 새 없이 노트에 적는 습관 때문이었다고 추측한다. 어떤 하나의 이유라기보다는 수많은 요소가 복합적으로 작용했을 것이다.

하지만 가장 큰 영향을 미친 것은 일생 동안 그의 손에서 벗어나지 않았던 '노트'다. 케임브리지 시절에 뉴턴이 제일 먼저 산 것은 노트 1권이었다. 당시의 노트에는 주로 교과 과정에서 요구하는 독서를 통해 얻은 지식이 기록되어 있다. 그는 공부한 내용을 노트의 처음과 끝에서 시작해 가운데로 써나가는 방식을 활용했기 때문에 노트의 가운데 100쪽가량이 비어 있다. 그리고 책을 끝까지 읽지 않는 버릇이 있어서 1권을 읽다가 다른 읽을거리를 찾아내곤 했다. 아리스토텔레스의 책을 읽으면서 기록하다가 2쪽에 불쑥 데카르트의 형이상학에 대해 기록하는 식이다.

뉴턴은 45개의 소제목을 만들어서 독서를 통해 얻은 지식을 하나씩 정리했다. 이 소제목에는 물질과 공간, 시간, 운동의 성질 등 물리학의 근본 주제와 희박함과 부드러움 등 감각적 성질, 격렬한 운동과 초자연적 성질, 빛, 색깔, 시각 등이 포함되어 있다. 어떤 소제목에는 아무것도 적혀 있지 않고, 어떤 것은 내용이 많아서 다음 장으로 넘어가기도 했다.

뉴턴은 본격적인 과학자의 길을 걸으면서 3가지 노트를 지적 여행의 동반자로 삼았다. 첫째, '질문'이란 노트에는 그가 평생 과학에서 연구하려고 했던 문제들과 그를 해결하기 위한 방법이 담겨 있었다. 그런데 그 질문은 단순한 소제목의 나열 수준이 아니라 실험하는 과정에서 뉴턴이 읽은 책의 저자에게 던진 질문이었다. 뉴턴은 지식을 수동적으로 받아들이지 않고 아주 능동적으로 습득하기 위해 질문 노트를 활용한 것이다. 둘째, '문제들'이란 노트에는 자신이 알게 된 것을 목록화하여 체계적으로 정리한 내용이 담겨 있었다. 그는 문제들을 모두 5그룹으로 나눈 후, 총 22개가 될 때까지 지속했다. 맨 처음 그룹은 해석기하학이었고 다음은 역학이었는데, 해석기하학 연구를 통해 역학의 기초가 되는 절대 시간에 대한 개념을 도출할 수 있었다. 셋째, '잡기장'이란 노트에는 질문 노트의 답을 대신하는 새로운 해법이 담겨 있었는데, 성숙한 연구자의 면모가 엿보이는 부분이다.

뉴턴은 이 3가지 노트에서 발견된 중요한 결과들을 정리해서 논문으로 발표하거나, 일부를 모아서 책으로 출간했다. 결국 뉴턴의 위대한 성과는 실험과 사고의 모든 과정이 자세히 기록된 3개의 노트 덕분이다. 그는 평생 자기의 생각을 노트에 정리했고, 정리를 하면서 생각이 이어져 탁월한 사상에 이른 것이다.

뉴턴의 노트를 경매로 샀던 경제학자 케인스는 뉴턴 탄생 300주년 기념 강연에서 이렇게 말했다.

"뉴턴은 이성시대의 최초의 사람이 아니었다. 그는 최후의 마술사이자 바빌로니아의 수메르인이었다. 1만 년 전 우리에게 지식의 유산을 남기고 간 사람들과 똑같은 안목으로 가시적이고 지적인 세계를 관찰한 최후의 그리고 가장 위대한 정신의 소유자였다.”

　다산 정약용은 18세기의 대학자로서 실학을 집대성하고 위대한 저술을 많이 남겼으며, 한국의 레오나르도 다빈치라고 불린다. 그는 실학자, 저술가, 시인, 철학자, 과학자, 공학자로 활동했고, 유교 경전에 대한 새로운 해석을 통해 당시 조선을 지배한 주자학적 세계관에 대한 근본적인 반성을 시도했으며, 수원 화성을 건축할 때 도르래와 거중기를 만들어 많은 도움을 주었다.

　다산은 조선 후기에 정조 임금과 함께 개혁을 추진하며 탄탄대로를 걸었으나, 정조 사후에는 천주교에 연루되어 18년간 귀양살이를 했고, 유배 기간에《목민심서》와《경세유표》등의 명저를 남기며 고난의 시기를 위대한 학문적 성과로 바꾸었다. 근대 학자인 위당 정인보는 ‘다산 1인에 대한 연구는 곧 조선사의 연구요, 조선 근세사상의 연구요, 조선 심혼(心魂)의 명예(明銳) 내지 전 조선 성쇠존망에 대한 연구다’라고 말하며 그를 칭송했다.

　다산이 유배지에 있을 때 자녀들에게 보낸 편지에는 ‘독서하는 법’ ‘연구하는 과정’ ‘책을 쓰는 법’ 등이 담겨 있어, 학자로서의 마음가짐과 자세를 배울 수 있다. 그는 붓과 벼루를 앞에 두고 밤낮을 쉬지 않고 쓰고 또 쓰느라 팔이 마비되고 시력이 형편없이 나빠져

오직 안경에 의존했다고 한다.

  얼마 전 다산이 유배지 강진에서 친척에게 보낸 편지가 경매에 나왔다. 그는 편지에서 '고깃국과 채소로 배를 채우지 못하는 곤궁한 상황에서 남을 구제할 물건은 없고, 오직 좋은 차 수백 근을 쌓아두고서 다른 사람의 요구를 들어주고 있으니 부자라 할 것이다'라고 하며 학자로서의 삶과 철학을 보여주고 있다. 편지는 의술에 뛰어났던 다산에게 사람들이 찾아와 처방을 부탁하는 일이 잦아져서 유배지가 병원처럼 변했다고 전하기도 하는데, 사람을 너무 사랑해서 어떤 상황에서도 도움을 주려는 마음이 전해져 가슴이 뭉클해진다.

뛰어난 성과를 거둔 성공인의 메모기술

에디슨, 링컨 등 역사적 인물들의 공통점은 뭘까? 바로 모두 '메모광'이라는 사실이다. 메모를 통한 기록으로 그들은 역경을 이기며 자신을 바로 세울 수 있었고, 꿈과 목표를 달성해 그 분야의 전설이 되었다. 천재들의 습관을 연구한 캐서린 콕은 '위인으로 불렸던 인물 300명 중 대부분이 메모광이라는 공통점을 지녔다'고 했다. 지금부터 메모의 달인이라 불리는 성공인들을 만나보자.

'청각장애' '초등학교 중퇴' '아버지의 학대를 벗어나 방랑의 길로 나선 사내' 등의 수식어가 붙는 주인공은 발명왕 에디슨이다. 그는 전등, 축음기, 축전지, 전신기, 영사기 등 1,100여 개의 특허를 보유해 세계에서 가장 많은 발명을 남긴 사람으로 알려져 있고, 세계적 기업인 제너럴일렉트릭의 창업주이기도 하다. 수많은 어려움과 핸디캡이 있었음에도 불구하고 경이로운 발상으로 세상을 바꿀 수 있었던 비결은 그의 '메모 습관' 덕분이었다.

에디슨은 소년 시절부터 노년에 이르기까지 영감을 얻기 위해 책을 읽고, 메모를 하고, 거의 매일 일기를 썼으며, 평생 약 500만 매에 이르는 방대한 분량의 메모와 일기를 남겼다. 그는 에피소드나 우스갯소리를 수집해서 메모하기도 했고, 호기심이 생긴 분야를 철저하게 조사해서 메모로 남기기도 했다. 그는 하루에 무려 18시간이나 일을 했고, 수면 시간은 4~5시간에 불과했으며, 식사량도 보통 사람의 80퍼센트 정도만 유지했고, 컨디션이 좋지 않을 때는 아예 식사를 하지 않았다.

심신이 지치고 영감이 떠오르지 않을 때면 에디슨은 낚시를 갔는데, 미끼는 절대로 달지 않았다. 물고기를 잡는 게 목표가 아니라 아이디어를 낚는 게 목표였기 때문이다. 그는 신문 예찬론자이기도 했다. '신문은 지식정보의 보고이기 때문에 성장하려면 매일 정보 영양소를 섭취해야 한다'고 말하며 늘 정보의 활용방법을 생각하고 메모했다. 그는 신문을 메모하는 과정에서 새로운 아이디어를 떠올리기도 했는데, 방화사건에 얽힌 보험 분쟁 기사를 보고 불에 강한 철근 콘크리트 주택과 새로운 집 짓기 공법을 생각한 것이 좋은 예다.

하마다 가즈유키의 《에디슨의 메모》라는 책에는 그의 성공철학을 담은 메모에 관한 일화가 소개되어 있다. 에디슨은 13세 무렵에 처음으로 메모를 시작했다. 그는 자신의 이름을 붙인 박물관이나 기념관이 건립될 만큼 사회에 공헌할 수 있는 일을 하겠다는 포부가 있었다. 하지만 무엇을 해야 좋을지 알 수 없어서 우선 어른들의 이야기를 듣거나 자신이 직접 체험하고 이상하게 생각되는 일이 생길 때마다 메모를 했다. 현재 미국에는 100개가 넘는 박물관과 과학관에 '에디슨 코너'가 마련되어 있다. 그곳에는 그의 발명품과 함께 어려서부터 그가 기록해온 일기나 메모장이 전시되어 있다.

한편 에디슨의 메모는 발명가가 되고 나서 다른 사람에게 소송 당했을 때 그의 결백을 증명하는 귀중한 자료가 되기도 했다. 그래서 그는 재판정을 나설 때마다 이렇게 중얼거렸다고 한다.

"메모야말로 내 생명의 은인이다."

'미국 역사상 가장 위대한 대통령'으로 불리는 에이브러햄 링컨은 어려서 통나무집에서 자랐고, 읽고 싶은 책을 빌리기 위해 먼 길을 걸어서 다녔으며, 유머 감각이 뛰어났고, 신앙심이 깊었다고 알려져 있다. 어려운 가정 형편 때문에 정규교육을 제대로 못 받았고, 일찍부터 생활 전선에 뛰어들어 변호사 사무실의 사환으로 사회

생활을 시작했던 그가 변호사로 성공하고 대통령까지 될 수 있었던 비결은 바로 필사와 메모 습관 덕분이다.

그는 성경으로 읽기 공부를 했고, 자신이 본받고 싶어 했던 워싱턴과 제퍼슨의 필체를 그대로 베껴 쓰면서 쓰기 공부를 했다. 얼마나 열심히 베껴 썼던지, 어느새 그의 필체는 그들의 필체처럼 정확하고 깔끔하게 되었다. 이런 사실은 금방 소문으로 퍼졌고, 멀리 떨어진 곳에 사는 사람들이 편지를 대신 써달라고 링컨을 찾아오기도 했다.

그 무렵부터 링컨은 공부의 참맛을 느끼게 되었다. 학교에서 배운 것만으로는 만족할 수가 없어서 집에서도 공부를 했다. 종이가 비싸고 귀했기 때문에 널빤지에 숯으로 글을 쓰기도 하고, 오두막 집의 벽에 수학문제를 풀고 그 면이 까맣게 변하면 칼로 긁어내고 다시 풀었다. 책을 살 돈이 없어서 책을 빌린 후에 그 내용을 일일이 베낀 다음 실로 묶어서 공부했는데, 그가 죽었을 때 그의 의붓어머니가 그 필사본의 일부를 가지고 있었다고 한다.

링컨은 정식 교육을 받은 기간이 12달도 안 됐지만 읽고 쓰고 외우는 것을 계속했다. 그는 필사와 메모를 통해 글을 완전히 깨우치게 되었고 예전에는 상상도 할 수 없었던 신비롭고 새로운 세상을 볼 수 있게 되었다. 세상을 보는 눈이 완전히 달라진 그는 미래에 대한 희망도 가지게 되었다.

《스콧의 가르침》은 그가 이웃들에게 빌린 책 가운데 가장 큰 영향을 준 책이다. 링컨은 그 책의 주인공들을 통해 대중 연설법과 명연설 노하우를 배웠다. 그는 그 책을 펼쳐 들고 왔다 갔다 하면서 낭독을 거듭했다. 그러다가 특별히 마음에 끌리는 부분이 생기면 널빤지에 베껴 썼다. 그리고 이를 모아 스크랩북을 만들었다. 그는 항상 스크랩북을 가지고 다니면서 그 속에 담긴 장시(長詩)와 연설을 암기할 때까지 읽고 또 읽었다. 이런 과정을 거쳐서 그는 최고의 변호사가 될 수 있었고, 사람들을 감동시키는 명연설을 통해 미국의 대통령 자리까지 오를 수 있었다.

공신이라 불리는
노트 정리의 달인들

노트 정리는 인류 역사를 통해 검증된 가장 효율적인 학습방법 중 하나이다. 노트 정리 자체가 바로 '최고의 학습법'이라는 말이 있을 정도다. 예전에는 '우등생', 요즘에는 '공신'이라 불리는 성공 학습자들은 대부분 노트 정리의 달인이었다. 노트 정리를 통해 공부를 잘하기 위한 필수 요건인 생각정리의 기술을 익히면 큰 도움이 될 것이다. 노트 정리로 공신이 된 대표적인 성공 학습자들을 만나보자.

《나나 너나 할 수 있다》를 쓴 금나나는 어렸을 때부터 마음이 따뜻한 의사가 꿈이었다. 꿈을 향해 순항하던 중 경북대 의예과에 다닐 때 호기심으로 참가한 미스코리아 대회에서 진에 당선된다. 다음 해에는 미스유니버스 대회에 참가했다가 하버드대 진학의 꿈을 가지게 되었고, 5개월 동안 공부에 집중해서 하버드대에 입성한다. 하버드대에서 디튜어상, 존하버드장학금을 받으며 우등생으로 인정받았다. 꿈을 위한 도전을 멈추지 않은 그녀는 하버드대 보건대학원에 진학해 영양학과 역학 박사 학위를 취득했다.

그녀식 공부법의 핵심은 백만 불짜리라고 자칭하는 노트 정리법이다. 그녀는 어릴 때부터 정리에 목숨을 건 아이였고, 공책 선물을 가장 좋아했다. 그녀가 정리에 사력을 다한 이유는 배운 내용을 오랫동안 기억하겠다는 의지의 표현이라고 생각했기 때문이다.

정리한 노트에는 몰랐던 것을 깨달았을 때의 기쁨, 잘못 알고 있던 것을 바로잡았을 때의 놀라움, 꼭 기억하려는 의지 등이 숨어 있다. 금나나식 노트 정리법은 5가지로 정리할 수 있다.

(1) 펜을 적재적소에 활용하기 (2) 과목의 특성에 맞는 노트 선정 (3) 법칙에 맞는 연습장 작성 (4) 스크랩북 같은 문제집 (5) 자신만의 코드 개발이다.

중학교에 들어간 남동생에게 보낸 편지를 통해 그녀는 학습법을 강조했다. 자신감 가지기, 최선을 다하기, 남의 말에 초연해지기, 수업 시간을 최대한 활용하기, 쉬는 시간을 충분히 활용하기, 교육방송 꼭 보기, 하루 30분 독서하기, 운동도 열심히 하기, 선생님께 질문 많이 하기, 선배들에게 존대말 쓰고 인사 잘하기 등이 기본적으로 중요시한 내용이다.

하버드대 재학 시절 MBC〈네버엔딩스토리〉에 출연한 그녀는 보이스레코더를 이용한 노트 정리방법을 소개했다. 유학생이라 영어강의를 듣고 바로 노트에 적는 것이 어려웠기 때문에, 수업을 마치고 방에 돌아와서 녹음한 강의를 들으며 노트 정리를 했다고 한다. 리스닝훈련도 되고 배운 내용을 머릿속으로 정리하면서 다시 공부를 하니 일석이조의 효과가 있었다. 그리고 '컬러테이프를 이용해 중요한 문제 유형 분류하기'도 소개했다. 시간 절약도 되고, 급할 때 찾기도 쉬우며, 시험 보기 전에 테이프로 표시된 부분만 집중해서 공부하면 되므로 효과적이라고 했다.

그녀는 달리기하듯이 항상 노력해야 하는 상황 속으로 자신을 내몰았다. 그녀는 꿈을 이루기 위해 노력하고 실천하는 것이 중요하다는 깨달음을 얻었다고 한다. 온 인류가 사랑의 네트워크로 연결될 때까지 사랑을 실천하겠다는 그녀의 아름다운 도전이 성공으로 이어지길 바란다.

지금으로부터 10년 전쯤 《동아일보》에 〈영어학습만화 펴내 美하버드大 합격한 박주현 양〉이란 제목의 기사가 실렸다. 박주현은 고교생들의 우정과 사랑을 《짱글리쉬》라는 영어학습만화로 펴낸

덕분에 미국 하버드대에 입학했다.

하버드대 입시 관계자는 '평가위원회가 당신의 책에 깊은 감명을 받았다'고 전했다. 그녀의 뛰어난 영어 실력은 7살 때 미국으로 유학 간 아버지를 따라가 미국에서 초등학교를 졸업했기 때문이기도 하지만 본인과 부모의 노력 덕분이기도 하다.

하버드대 합격 후에 《하버드 감동시킨 박주현의 공부반란》을 쓴 박주현은 노트 정리를 하면서 선생님의 말씀이 자신의 언어로 바뀌게 되고, 일종의 화학작용이 일어나면서 다양한 형태로 책이나 노트에 남겨진다고 한다.

특히 그녀는 수업 내용을 그림으로 표현하는 것을 좋아했는데 시험을 앞두고 중요개념을 정리할 때 유용하고, 기억을 되살리는 데 효과적이라고 한다. 예를 들어 생물 시간에 세포를 배운다면 선생님이 빵에 비유해서 설명할 때 노트에 빵을 그리고, 연상을 하면서 다양한 형태로 진화·발전시킨다. 효소 이름이 나올 때는 만화〈디지몬〉이 진화하는 과정처럼 자신만의 스토리로 만들어서 그림이나 그래프와 함께 나열해놓기도 한다. 과학이나 사회 과목은 도표나 그림을 그려가면서 공부하고, 포스트잇이나 형광펜, 색연필 등으로 중요한 부분을 표시해두며, 시험을 본 후 틀린 문제는 원인을 분석하고 다시 한 번 풀어서 머릿속에 반드시 저장하는 습관이 있었다.

《필기왕 노트 정리로 의대 가다》의 저자 김현구는 어느 날 우연히 《킴볼 생물학》이란 책을 접한 후 의대로 진로를 정했다. 그는 고등학교 1학년 때부터 시작한 노트 정리 덕분에, 3자리 등수를 1년 만에 전교 1등으로 끌어올리며 간절히 원하던 의대 진학의 꿈을 이루었다.

'의대에서 실습하는 학생'을 뜻하는 '폴리클 Polycle'이라는 닉네임으로 블로그 활동을 하면서 자신만의 학습비법인 '노트 정리 이야기'를 연재해 네티즌으로부터 절대적인 지지를 받았다. 누적 방문자 수만 920만 명에 달하는 그의 블로그 '수줍은 미소의 느낌'은 여러 차례 우수블로그로 선정되기도 했다. 현재 경기도 성남 소재 C병원의 신경외과 전문의로 근무하고 있는 그는 틈틈이 학창시절과 인턴 그리고 의사로서 성장하고 있는 자신의 생활 일기를 블로그에 올려 네티즌과 소통하고 있다. 그가 어떻게 노트 정리로 의대에 들어갈 수 있었는지 비결을 살펴보자.

그는 중학교 때만 해도 친구들과 PC방에 다니며 놀기 좋아했고, 게임을 마음껏 할 수 있다는 이유로 PC방 사장을 꿈꿨던 평범한 아이였다. 그가 공부에 관심을 가지게 된 계기는 명문대 수학과를 졸업하고 학원강사로 일한 어머니 때문이었다. 그의 어머니는 노느라 바쁜 아들의 마음을 바로잡기 위해 공부하라는 잔소리 대신 책을 보는 모습을 자주 보여주면서 솔선수범했다. 등굣길에 보라며 신문 기사나 사설, 칼럼 등을 오려서 아들의 주머니에 넣어 줬고, 도시락에 수학문제를 하나씩 끼워 넣었으며, 점심을 먹고 난 뒤 문제 푼 것을 다시 도시락에 넣어두면 정답률에 따라 월말에 용돈도 줬다.

그는 한 인터뷰에서 '아버지가 명예퇴직 후 독서실을 운영하셨는데, 경제적으로 그리 넉넉지 못했어요. 어느 순간 어머니는 힘들게 아이들 가르치며 내 뒷바라지를 하시는데, 나는 뭐하는 건가 싶더라고요. 죄송한 마음이 들면서 저 자신이 너무 부끄러웠어요. 그때 처음으로 인생에서 한번쯤은 공부라는 것에 미쳐봐야겠다고 다짐한 것 같아요'라고 말하며 공부를 시작하게 된 동기를 밝혔다.

하지만 공부하기로 마음먹었다고 해서 금방 성적이 오르는 건 아니었다. 막상 책상 앞에 앉으니 뭘 어떻게 해야 할지 막연하기만 했다. 그러던 어느 날 아이들에게 수학을 가르치느라 매일 새벽까지 공부하는 어머니의 모습을 보다가 어머니의 노트가 눈에 띄었다. 어머니는 늘 무언가를 노트에 기록하고 자료를 모으는 습관이 있었는데, 무심코 지나쳤던 장면이 인생을 바꿀 중요한 힌트로 다가온 것이다. 그는 그 길로 문방구로 달려가 노트 1권을 샀고 책상 위에 노트와 교과서, 볼펜 한 자루를 올려놓고 노트 정리를 시작했다.

《여성동아》 잡지사와 인터뷰에서 그는 그때의 기억을 떠올리며 이렇게 말했다.

하루도 빠짐없이 노트 정리를 해야 한다는 압박감과 함께 당장 눈에 띄는 결과가 없으니까 포기할까 말까 수없이 고민했어요. 하지만 책상에 꽂힌 노트 수가 늘어나는 만큼 성적도 조금씩 오르자 점점 노트 정리의 효과에 대해 확신할 수 있었죠. 그때 만든 노트가 총 30권인데, 제가 대학에 들어간 뒤 고교 선생님들이나 아는 분들께 빌려드려서 지금은 거의 없어졌어요. 그게 조금 안타까워요(웃음).

그는 노트 정리의 효과를 크게 3가지로 설명한다. 첫째, 노트 정리를 잘해두면 언제든지 처음으로 돌아가 다시 공부할 수 있다. 기본이 약하다 싶으면 과감히 과거로 돌아가 다시 공부해야 하는데 정리해둔 노트가 귀한 자료가 되는 것이다. 둘째, 노트 정리를 하면 공부를 하나의 놀이로 즐길 수 있다. 노트 정리를 하는 과정은 자신이 만들어놓은 틀과 구조 속에서 내용을 풀어가는 방식이기 때문에 동화책을 읽는 것처럼 재미가 있다. 셋째, 노트 정리는 학습 수단을 벗어나 '기록' 자체로 큰 의미가 있다. 자신이 공부한 흔적을 보면서 뿌듯함도 느끼지만 향후 어떤 일을 하더라도 자신감을 가지고 부딪칠 수 있는 힘의 원천이 된다.

그는 몇몇 언론사와 인터뷰에서 자신만의 노트 정리 노하우를 소개했다.

첫째,	내가 잘 알아볼 수 있도록 정리해야 하며, 절대로 '남에게 보이기 위한 정리'나 '정리를 위한 정리'가 돼선 안 된다.
둘째,	판서나 교과서를 베끼는 것이 아니라 스스로 공부한 내용을 정리하는 것이 돼야 한다.
셋째,	정리하기 전에 목차를 보면서 교과 내용의 전체 흐름을 파악하고, 뼈대부터 세워야 한다.
넷째,	과목을 불문하고 '개념 - 정의 - 이해 - 실전 - 참고' 형태로 콘셉트 맵을 만들어두면 편리하다.
다섯째,	남이 공부를 시작할 때 자신의 노트 정리는 끝나 있어야 한다.
여섯째,	공간 배분이 고민이라면 링바인더가 해답일 수 있다.
일곱째,	그림과 표 작성으로 낭비할 시간에 헌 책의 삽화를 오려 붙이는 것이 좋다.
여덟째,	접착식 메모지와 형광펜은 정말 중요한 경우에만 사용해야 한다.
아홉째,	수업 중 정리는 꼭 하되, 강조하는 내용은 별도로 정리해두어야 한다.
열째,	중간에 포기하거나 비효율적인 방법으로 단순히 나열식 정리를 하면 시간만 낭비하므로 유의해야 한다.

그는 목적에 따라 노트 정리방법을 다르게 적용했다. 시험 직전에는 중요한 포인트만 콕콕 집어 담는 '한 방 정리' 방식을 활용했고, 요약정리가 필요할 때는 '서머리' 방식을 썼다. 수능 같은 장기전

에는 '백과사전식 정리방식'을 활용했는데, 교과서와 참고서, 문제집, 관련 서적, 학습 자료까지 현재 공부하는 내용과 관련이 있는 것은 모조리 수록하는 방법이다. 이 방식은 수능을 포함해 경시나 고시, 자격증 시험 등 장기적인 안목으로 준비해야 하는 시험에 아주 효과적이다.

　과목에 따라 특성이 다르므로 '국영수사과'의 노트 정리방법도 달라야 한다. 국어는 시와 소설, 문법 등 영역별로 공책을 따로 만드는 '단권화' 정리가 효과적이다. 수학은 '개념 이해 → 공식 암기 → 기본 문제 풀기 → 실력 문제 풀기 → 오답 정리 → 무한 반복' 순서로 공부해야 하므로 개념이나 증명을 공책에 적는 대신 오답노트를 만드는 것이 좋다. 영어는 문법이 중요하므로 유형별로 틀린 문제를 붙인 후에 해설을 적는 식으로 영문법 유형 파악에 주력하는 노트 정리를 했다. 사회탐구는 과목별로 '개념 정리-오답'의 순서로 정리했는데, '국사 정리·오답 → 한국지리 정리·오답 → 세계사 정리·오답'과 같은 식이다. 과학탐구는 여러 개념을 복합적으로 연계시키는 문제 유형이 많으므로 개념을 적을 때는 교과서나 학습지의 문장을 그대로 베끼는 것보다 '나만의 말'로 요약하는 것이 효과적이다.

　그는 고등학교 시절에 거의 꼴찌였던 같은 반 친구에게 자신의 노트 정리법을 알려줘서 상위권으로 성적을 끌어올리는 데 결정적인 도움을 줬다. 대학생이 되어서도 주변의 부탁으로 5명 정도 과외 수업을 하면서 제자들에게 자신의 노트 정리법을 알려줬더니 그 중 2명이 서울대와 수도권 약학대학 입학의 성과를 거뒀다. 그는 그들을 보면서 다시 한 번 노트 정리의 위력을 확인할 수 있었다고 한다.

대부분의 공신들은 공부를 잘하려면 노트 정리의 제왕이 되라고 강조한다. 물론 요즘은 프린트물로 대체하는 경우가 많지만, 노트 정리를 통해 선생님의 두뇌 구조에서 나온 내용을 자신만의 두뇌 구조에 적합한 내용으로 다시 재구성하고 조직화해야 한다. 제대로 정리된 노트 1권만 있으면 시험을 즐거운 마음으로 기다릴 수 있다.

EBS 〈공부의 왕도〉에 출연한
노트 정리의 달인들

EBS 〈공부의 왕도〉는 대한민국 상위 1퍼센트 안에 드는 최상위
권 성적을 가진 학생들이 스스로 개발한 공부법을 소개하는 프로
그램이다. 특히 사교육이나 조기 교육 등을 통해 성적을 올린 사례
가 아니라 스스로 찾아낸 공부법을 집중 분석하고, 그 방법과 효과
및 활용법을 제시하기 때문에 일반적인 합격수기 형식의 책과 다
르다. 또한 공부방법만을 단편적으로 소개하는 것에 그치지 않고
'나만의 공부법'을 고안하고 정착시키기까지의 모든 과정을 보여
주고 있다.

이 방송은 평범하지 않은 환경과 조건을 이기고 어떤 계기로
공부를 시작하게 되었는지, 갑자기 닥쳐온 슬럼프를 어떻게 극복

했는지, 지루한 수험생활을 어떻게 견뎌냈는지 등 어려움을 딛고 성취의 기쁨을 얻기까지의 과정을 진솔하고 생생하게 보여줌으로써 많은 학부모와 수험생에게 공감과 반향을 불러 일으켰다. 이들의 이야기를 담은 책,《EBS 공부의 왕도》에 소개된 노트 정리의 달인들을 1명씩 만나보자.

'내신의 여왕'이라 불리는 기하야진은 부산 금곡고 후배들 사이에서 전설로 불린다. '하야진(하늘이 보내준 귀한 아이)'이라는 이름부터 범상치 않은 그녀는 고교 3년간 내신 1등급, 교내 최상위 성적을 단 한 번도 놓치지 않았고, 서울대 외국어교육과에 우수한 성적으로 들어갔다.

그녀의 노트 정리는 중학교 1학년 때 선생님이 해주신 까만색 볼펜 1자루를 다 쓰는 것을 목표로 공부를 했다는 얘기에 감동받아 '나도 한번 해볼까' 하는 생각에서 시작되었다. 막상 볼펜이 다 닳도록 쓸거리가 없어서 고민하다가 교과서 내용을 연습장에 쓰면 좋겠다는 생각이 들었다. 이왕 쓸 바에야 체계적으로 정리하는 편이 좋겠다는 생각에 시작한 것이 고 3때까지 이어졌다. 방송 인터뷰에서 그녀는 이렇게 말한다.

처음에는 큰 기대 없이 노트에 교과서 내용을 적기 시작했는데,

정리를 하면 할수록 잘 외워지는 것 같고, 이거야말로 내게 딱 맞는 공부법이라는 걸 깨달았어요. 그리고 노트 정리법도 해가 갈수록 발전해 더욱 체계적으로 완성되어갔지요. 교과서 내용을 완전히 이해하고 새롭게 구성한 정리노트야말로 이 세상에 단 하나뿐인 나만의 참고서인 것이죠. 내신노트 1권만 있으면 어떤 시험, 어떤 과목도 두렵지 않았어요.

그녀는 공부할 때 가장 먼저 교과서를 정독하면서 학습 내용의 큰 틀을 짠다. 여기서 유의할 점은 큰 틀이 잡힐 때까지 대단원과 소단원을 중심으로 전체 구조를 파악하며 반복해서 읽는 것이다. 다음으로 내용을 구조화한다. 인과관계, 배경, 결과에 따라 교과서를 재구성해 노트에 정리하는 것이다. 이때 교과서의 내용이나 순서를 그대로 옮기는 게 아니라 자신의 기준으로 단락을 나누기도 하고, 긴 문장을 단어 하나로 요약하기도 하며, 여러 곳에 흩어진 내용을 하나로 묶기도 한다. 교과서를 분해하고 정리하면서 노트를 채워가는 것이다.

예를 들어 '양반 관료 중심의 사회'라는 내용을 기하야진식 노트 정리방법으로 정리하면 다음과 같다. 먼저 대단원의 제목을 적고, 그다음 소단원의 제목을 적으면서 내용을 구분한다. 그리고 소단원의 핵심 내용을 한두 단어로 압축해서 정리한다. 이때 화살표 등

각종 기호를 사용해 인과관계를 설명하기도 하고, 두세 문장으로 설명한 내용을 짧은 내용으로 압축하기도 한다. 이렇게 정리가 끝나면 노트만 보면서 암기한다. 긴 내용을 짧게 줄이고 이해하기 쉽도록 만든 자기 맞춤형 교과서가 되는 것이다. 그녀는 이렇게 말한다.

원래 중간고사 범위가 100페이지가 넘는 내용인데, 노트 정리를 하면 10장 남짓으로 줄어듭니다. 그러면 심리적으로 외울 것이 줄어든다는 느낌을 받기 때문에 좋습니다. 그리고 줄글로 되어 있는 내용은 복잡한데, 기호를 쓰고 소제목을 붙이면서 간단하게 정리하면 보기가 쉽고 외우기도 편합니다. 무엇보다 자기만의 노트를 만드는 것이 좋다고 생각합니다.

EBS 국사 최태성 선생은 '하야진 양의 내신 노트에는 상당한 기술이 들어 있습니다. 첫 번째로 교과서의 중요한 내용을 하나도 빠뜨리지 않고 차곡차곡 정리하고 있고, 교과서에 있는 소주제의 덩어리를 분해해서 배경, 내용, 결과에 맞춘 인과관계에 의해 구조화시키고 있죠. 이런 방식은 주로 참고서에서 쓰는 방법으로, 기하야진표 참고서를 만들었다고 할 수 있습니다. 이런 노트는 사실 엄청난 내공이 있어야 만들 수 있습니다. 일반 학생들은 먼저 선생님의 수업을 들으면서 판서하는 것을 유심히 관찰하기 바랍니다.

선생님이 기승전결에 의해 정리하는 걸 받아 적은 후에 이렇게 저렇게 바꿔보는 훈련을 하다 보면 하야진 양처럼 자신만의 참고서 노트를 만들 수 있을 겁니다'라고 평가했다.

시험을 치를 때마다 내신노트도 1권씩 늘어났고, 그 노트들은 그녀의 대입 합격 목표 달성에 큰 밑거름이 되었다. 자신에게 맞는 공부법을 찾아서 요령을 부리지 않고 끝까지 자기 손으로 노트 정리를 하면서 공부했던 그녀. 지속적인 자기 관리로 내신에서 두각을 나타낸 것은 그녀의 성실함 때문이다. 우리에게 공부의 정도를 보여준 그녀는 이제 대학 캠퍼스에서 보다 큰 꿈을 새로운 노트에 담고 있다.

포항고등학교를 졸업하고 연세대 치의예과에 진학한 김정훈은 '마인드맵의 달인'이라고 불린다. 그는 어릴 때부터 과학(특히 생물)을 좋아해서 다른 친구들에 비해 과학 공부를 열심히 했는데 모의고사 성적은 크게 차이가 나지 않아서 고민을 했다. 그러던 중 자신의 공부방법에 문제가 있다는 것을 깨달았고, 개념을 단편적으로 암기하는 방식에서 벗어나야겠다는 생각을 했다. 그래서 실전에 도움이 되는 개념 정리방법을 찾다가 오답노트를 만들기 시작했고, 마인드맵노트 정리로 이어진 것이다.

양반 관료 중심의 사회

III. 근세 사회

조선은 고려 말의 여러 모순을 시정하면서 국가의 면모를 새롭게 하였다. 농민의 지위
가 향상되고 특수 행정구역이 사라지는 등 이전 시대와는 다른 면을 보여주었다. 조선은
성리학적 사회질서로 농민에 대한 지배력을 강화하여 양반 중심의 사회 체제를 확립해갔
다. 엄격한 신분제와 가부장적 가족제도 중심의 사회질서로 말미암아 서얼을 차별하였
고, 여자의 재가를 금지하였다. 양반은 향촌사회에서 향약을 시행하여 권익을 옹호하였
으며, 일반 백성은 두레와 계로써 자기들의 생활 질서를 유지하고자 하였다.

1. 양반 관료 중심의 사회

1) 양천 제도와 반상 제도

조선은 사회 신분을 양인과 천민으로 구분하는 양천 제도를 법제화하였다. 양인은 과
거에 응시하고 벼슬길에 오를 수 있는 자유민으로 조세, 국역 등의 의무를 지녔다. 천민은
비자유민으로 개인이나 국가에 소속되어 천역을 담당하였다. 그러나 실제로는 양천제의

원칙에만 입각하여 운영되지는 않았다. 관직을 가진 사람을 의미하던 양반은 세월이 흐를수록 하나의 신분으로 굳어갔고, 양반 관료를 보좌하던 중인도 신분층으로 정착되어갔다. 그리하여 지배층인 양반과 피지배층인 상민 간의 차별을 두는 반상 제도가 일반화되었고, 양반, 중인, 상민, 천민의 신분제도가 점차 정착되었다. 조선 시대는 엄격한 신분제 사회였으나 신분 이동이 가능하였다. 법적으로 양인이면 누구나 과거에 응시하여 관직에 진출할 수 있었고, 양반도 죄를 지으면 노비가 되거나 경제적으로 몰락하여 중인이나 상민이 되기도 하였다.

2) 양반과 중인

양반은 본래 문반과 무반을 아울러 부르는 명칭이었다. 그러나 양반 관료 체제가 점차 정비되면서 문무반직을 가진 사람뿐만 아니라 그 가족이나 가문까지도 양반이라고 부르게 되었다. 일단 지배층이 된 양반 사대부들은 자신들의 기득권을 지키기 위하여 지배층이 더 이상 늘어나는 것을 막기 위한 조치를 취하였다. 이들은 문무 양반의 관직을 받은 자만 사족으로 인정하였다. 양반은 토지와 노비를 많이 소유하고 과거, 음서, 천거 등을 통하여 국가의 고위 관직을 독점하였다. 양반은 경제적으로는 지주층이며 정치적으로는 관료층으로서, 생산에 종사하지 않고 오직 현직 또는 예비 관료로 활동하거나 유학자로서의 소양과 자질을 닦는 데 힘썼다. 조선은 각종 법률과 제도로써 양반의 신분적 특권을 제도화하였다. 무엇보다도 양반은 각종 국역을 면제받을 수 있었다.

중인은 넓은 의미로는 양반과 상민의 중간 신분 계층을 뜻하고, 좁은 의미로는 기술관만을 의미한다. 중앙과 지방에 있는 관청의 서리와 향리 및 기술관은 직역을 세습하고 같은 신분 안에서 혼인하였으며 관청에서 가까운 곳에 거주하였다. 양반 첩에게서 태어난 서얼은 중인과 같은 신분적 처우를 받았으므로 중서라고도 불리었다. 이들은 문과에 응시하는 것이 금지되었고 간혹 무반직에 등용되기도 하였다. 중인은 양반에게 멸시와 하대를 받았으나, 대개 전문기술이나 행정 실무를 담당하였으므로 나름대로 행세할 수 있었다. 예를 들어 역관은 사신을 수행하면서 무역에 관여하여 이득을 보았으며, 향리는 토착 세력으로서 수령을 보좌하며 위세를 부리기도 하였다.

3) 상민과 천민

'평민' '양인'으로도 불리는 상민은 백성의 대부분을 차지하는 농민, 수공업자, 상인을 말한다. 나라에서는 이들이 과거에 응시하는 것을 법적으로 금지하지 않았지만, 과거 준비에는 많은 시간과 비용이 들었으므로 상민이 과거에 응시하기는 매우 어려웠다. 따라서 전쟁이나 비상시에 공을 세우는 등의 경우가 아니면 상민의 신분 상승 기회는 그리 많지 않았다. 대부분의 농민은 조세, 공납, 부역 등의 의무를 지고 있었다. 이러한 조세는 때에 따라 농민들의 생계를 위협할 정도로 과중하였다. 수공업자는 공장으로 불리며 관영이나 민영 수공업에 종사하였다. 상인은 시전 상인과 행상 등이 있었는데, 국가의 통제 아래에서 상거래에 종사하였다. 조선은 농본 억상 정책을 취하였기 때문에 상인은 농민보다 아래에 위치하였다. 한편 양인 중에도 천역을 담당하는 계층이 있었는데, 이들을 신량역천이라 하였다.

천민 중에서 대부분을 차지하는 것은 노비였다. 노비는 재산으로 취급되었으므로 매매, 상속, 증여의 대상이었다. 부모 중 한쪽이 노비일 때, 그 소생 자녀도 자연히 노비가 되는 제도가 일반적으로 시행되었다. 조선 시대의 노비는 고려와 마찬가지로 국가에 속한 공노비와 개인에게 속한 사노비가 있었다. 사노비는 주인집에서 함께 사는 솔거노비와 주인과 떨어져 독립된 가옥에 사는 외거노비가 있었다. 외거노비는 주인에게 노동력을 제공하는 대신에 신공을 바쳤으며, 공노비도 국가에 신공을 바치거나 관청에 노동력을 제공하였다.

3. 조선의 사회

(1) 양반 관료 중심의 사회

1) 양천 제도와 반상 제도

① 양천 제도
- 양인, 천민 구분
→ 양인 : 과거 응시 ○. 자유민
　　　　　조세. 국역 의무
　천민 : 비자유민. 개인/국가 소속
⇓ (양반 (관직 가진 사람) → 신분화
　　　　　　　　　　　　 중인)

② 반상 제도
- 양반. 중인. 상민. 천민
　But 신분 이동이 가능
　　ex) 양인 → 과거응시 → 관리
　　　　양반 → 죄 → 노비

2) 양반과 중인

① 양반
- 원래 문반 + 무반
→ 양반 관료 체제 정비 → 가족. 가문도 양반
⇒ 문무 양반 관료. 반열 자체 인정
- 토지. 노비 소유
- 과거. 음서. 천거 → 고위 관직 독점
- 경제적 (지주층). 정치적 (관료층)
- 생산활동 ×. 관료 행정논리 유학과 무관
- 신분 특권 제도화 → 국역 면제

② 중인
- 양반과 상민의 중간 계층 (좁은 기준과)
- 서리. 향리. 기술관 → 직역세습. 같은 신분 끼리
　　　　　　　　　　　　　혼인 인척 기술
- 서얼 : 양반 첩 자식 (중서) → 문과응시×. 무반○
- 양반의 멸시 But 실무 담당 → 나름 행세
　ex) 역관 → 무역 이득. 향리 → 위세 부림

3) 상민과 천민

① 상민 (평민. 양인)
- 백성의 대부분 차지 (농민. 수공업자. 상인)
- 과거응시 ○ But 사간 비용 때문에 매우 어려움
- 신분 상승 가능 : 전쟁 와 바쳤을시 포상 세움
- 농민 : 조세.공납.부역의무 → 생계 위협 라줌
- 수공업자 (= 공장) : 관영 민영 수공업. 종사
- 상인 (시전/행상) : 활기에 종사 (국가 통제)
- 농본억상 정책 → 상인 < 농민
- 신량역천 : 양인 中 천역 담당

② 천민
- 노비 : 재산 취급. 부모노비 → 자녀 노비
- 공노비 (국가) : 노동력 제공 와 신공
- 사노비 (개인) ; 솔거노비 (동거). 외거노비 (비동거)
(+) 외거노비 : 노동력 제공×. 신공 ○

처음에는 오답노트에 단순히 문제에 대한 해설만 정리했는데, 마인드맵이 더해지면서 종합적인 개념 정리가 가능했습니다. 마인드맵을 통한 학습이 진행될수록 처음에는 흩어져 있던 여러 개념이 머릿속에 차곡차곡 쌓여가는 느낌이 들었습니다.

그의 마인드맵은 핵심개념이나 주제를 정확하게 파악하는 것에 서부터 시작된다. 주제를 정하려면 약간 포괄적이면서도 핵심적인 내용을 첫 출발선으로 잡아야 한다. 핵심 내용을 찾으려면 문제로 돌아가서 문제 내용을 읽어보고 문제에서 제시된 그림이나 그래프를 보면 된다. 예를 들어 문제에서 이자의 분비선을 제시했고 그림에서도 이자의 내외분비선을 제시했다면, 중심 내용은 이자 또는 이자의 분비선이 되는 것이다.

그는 자신만의 마인드맵을 만들기 위해 우선 문제를 통해 중심 개념을 잡고 오답노트에 마인드맵을 그린다. 문제를 풀고 채점을 하고 나면 정답지의 해설을 문제집에 자세히 정리한다. 알아보기 쉽게 빨간 펜으로 정리하면서 마인드맵의 중심개념을 잡는 것이다.

이어서 개념끼리 연관을 지어본다. 중심개념이 정해지고 나면 생각의 흐름대로 가지를 쳐나간다. 마인드맵에 정해진 규칙은 없다. 뻗어나간 가지에서 또 다른 가지로 연결하고, 처음에 제시된 문제와 직접적인 관련이 없더라도 떠오르는 개념을 자유롭게 정리하는 것이다. 자신의 생각대로 그려나가는 것이 바로 마인드맵이다.

끝으로 오개념을 바로잡는다. 자유롭게 그린 마인드맵을 검토하기 위해 교과서 내용과 마인드맵을 꼼꼼히 비교 분석한다. 마인드맵에서 틀린 내용과 빠진 내용은 없는지 확인하고, 수정하거나 추가할 부분은 빨간색으로 정리한다. 마인드맵은 단순히 개념만 정리하는 것이 아니라, 잘못 알고 있었던 부분을 확인하고 고칠 수 있는 기회도 된다.

EBS 과학 권주희 선생은 김정훈의 마인드맵에 대해 '과학은 창의적인 사고가 필요한데, 마인드맵은 중요한 사고력 향상법의 예입니다. 특히 생물은 통합적인 문제가 많이 출제됩니다. 일례로 소화와 호르몬 단원이 섞인 문제가 있습니다. 이런 복합 문제의 경우 학생들이 많이 어려워하는데, 소화효소에서 시작해서 호르몬까지 연결된 마인드맵을 그려두면 시험을 효과적으로 대비할 수 있습니다'라고 평가한다.

그는 인터뷰에서 '고등학교 생활을 할 때도 사회생활을 할 때도 경쟁이 치열한 삶을 살게 되는데, 그 속에서도 인간미를 잃지 않는 사람이 되고 싶어요. 나보다 어려운 사람들을 돕고 베풀 줄 알며 한 발짝 뒤로 물러서서 다른 사람들의 생각을 들어줄 수 있으면 좋겠어요'라며 자신이 어떤 삶을 살아갈지를 밝혔다. 그는 고등학생 시절에 마인드맵을 통해 사고의 폭을 넓힌 경험을 바탕으로 지금도 세상을 보는 눈을 점점 넓혀가고 있다. 그의 내일은 오늘보다 더 풍성할 것이다.

부산 덕문여고를 졸업하고 서울대 사회과학부에 진학한 이경빈도 마인드맵을 통해 공부를 즐거운 놀이로 만들었다. 마인드맵을 활용해 학습 내용을 정리하면 단원 전체의 내용이 일목요연하게 정리되고, 복습은 물론 시험 대비용으로도 효과적이다. 그녀의 마인드맵은 다음과 같은 과정을 거쳐서 만들어진다.

첫째,   교과서를 꼼꼼하게 읽는다. 이때 교과서 내용을 1글자 1글자 외우려 노력하지 말고 큰 흐름을 생각하면서 정독한다.

둘째,   형형색색의 여러 가지 펜과 교과서, 참고서, 커다란 종이를 준비한다. 교과서 한 단원이 끝나고 자신만의 새로운 노트를 만들기 위해 필요한 도구이다.

셋째,   먼저 큰 단원 제목을 보기 좋게 종이 한가운데에 써놓은 다음, 중단원 제목을 가지치기하듯 줄을 그어가며 배치한다.

넷째,   그 밑에 단원 제목에 해당하는 내용 중 중요한 것을 골라 작은 글자로 적어 넣는다. 이때 다양한 색깔의 펜을 이용해 제목과 본문 내용을 구분하고, 핵심사항은 별도의 표시를 해둔다. 밑줄이나 동그라미, 별표 같은 것을 사용하면 된다.

이때 주의할 점은 많은 내용을 1장의 종이에 정리해야 하기 때문에 자신만의 표기 스타일, 즉 표기 규칙을 반드시 정해야 한다는 것이다. 그녀는 자신의 마인드맵에 대해 다음과 같이 말한다.

공부를 하고 다시 중단원을 적고, 공부를 하고 다시 소단원을 적고, 공부를 하고 다시 세부 내용을 적으면서 공부합니다. 그다음에 다시 보면서 잘 안 외워지거나 모르는 건 빨간 펜으로 표시하고, 다시 해도 또 안 되는 건 형광펜으로 표시해서 시험 직전에는 형광펜 표시만 보면서 외웁니다. 마인드맵을 그리면서 공부한 내용을 한군데로 모두 모아뒀기 때문에, 복습할 때 이것저것 뒤적거릴 필요가 없고, 여기에 모든 게 다 있으니까 복습하는 시간이 많이 줄어듭니다.

그녀는 마인드맵을 만들면서 공부 태도가 크게 달라졌다. 수업 시간에 선생님 말씀에 집중하게 되었고, 모든 수업 내용을 요약정리하는 습관이 생겼으며, 자신만의 기호와 그림을 활용하기 시작했다. 그리고 정리노트와 오답노트를 만들기만 하고 활용하지 않아서 무용지물로 만드는 다른 친구들과 달리, 자신의 노트를 어떻게 활용해야 하는지 노하우를 터득했다. 바로 복습노트를 활용한 5분 학습법이다.

수업이 끝난 후 쉬는 시간을 활용해 빈 종이에 교시와 과목을 적고 배운 내용을 떠올리며 검은 펜으로 적어본다. 떠올리지 못한 내용은 책을 보고 빨간 펜으로 보충해 적어 넣는다. 집으로 돌아오기 전에 다시 한 번 복습노트를 들춰 본다. 머릿속에 제대로 기억된 내용은 다시 한 번 정리하고, 잘 기억나지 않는 내용은 책을 보며 다시 정리한다. 이때 책을 보며 정리한 내용은 빨간 펜으로 표시해둔다. 빨간 펜은 반복 학습이 필요하다는 표시다. 학습한 내용은 다시 간단한 그림으로 요약한다. 외울 거리가 많은 과목이나 어려운 부분일수록 그림을 활용하는 것이 보다 효과적이다. 그림을 그리면서 머릿속에 각인되는 것이 많기 때문이다.

덕문여고 국사 교사 우태연은 그녀의 마인드맵에 대해 '경빈이의 마인드맵은 존경할 만큼 훌륭합니다. 전체적인 흐름을 기본적으로 알고 세부적으로 들어가야 하는데, 뼈대를 잡으면서 치밀하게 공부하는 방법이므로 작은 가지를 하나씩 알면서 전체를 묶어줄 수 있기 때문에 공부할 때 큰 도움이 됩니다'라고 평가했다.

그녀는 한마디로 학습 동기부여 환경 만들기의 달인이다. 공부법 책 읽기, 공신들의 공부비법 영상 보기, 다양한 학습 도구 활용하기(마인드맵, 포스트잇, 학습 계획표), 꿈 목표 시각화하기 등 자신만의 맞춤식 학습법을 완성하기 위한 경빈이의 노력은 현재 진행형이다.

서울 휘문고를 졸업하고 서울대 인문학부에 진학한 김도균은

'오답노트의 달인'으로 불린다. 그는 수능을 앞두고 2달 만에 국어 점수를 20점 이상 올려서 목표 달성에 성공했다.

고 3 시기는 지난 3년간 공부한 내용을 총정리하는 때라 새삼스레 점수가 대폭 올라가지 않는다. 특히 국어 영역의 경우 단기 완성이 어렵기 때문에 주요 과목이나 암기 과목에 우선순위가 밀리기 십상이다. 그는 과연 어떤 방법으로 국어 영역 단기 완성비법을 터득하게 되었는지 함께 알아보자.

그에게는 특별한 공부비법이랄 게 없었다. 다만 교과서를 2권 가지고 공부했다는 정도다. 1권은 학교 수업 시간에 선생님의 말씀을 정리하는 용도고, 다른 1권은 집에 돌아와 배운 내용을 그대로 다시 꼼꼼하게 옮겨 적는 용도다. 이 방법으로 수학과 영어는 내신과 모의고사 모두 1등급을 유지했다. 하지만 국어는 가끔 2등급을 받았다.

그런데 고 3 첫 번째 모의고사에서 국어 성적이 20점 이상 크게 떨어졌다. 문제풀이 요령이 부족하다고 판단한 그는 시중에 나와 있는 문제집과 수능 기출문제, 평가원 문제 등을 닥치는 대로 풀었다. 하지만 쉴 새 없이 문제를 풀어도 점수가 오르지 않아서 점점 초조해졌다.

성적이 제자리걸음을 계속하자 혼자 하는 공부에 한계를 느낀 그는 학원의 도움을 받기로 했다. 학교 자율학습이 끝난 뒤 일주일에

1번 이상 학원에서 다시 강의를 듣고, 강사 선생님이 내주는 숙제를 완벽하게 소화했다. 그런데도 어쩐 일인지 성적은 움직일 기미가 보이지 않았다. 2달 동안 3개 학원을 전전했지만 여전히 결과는 요지부동으로 마치 국어의 늪에 빠진 것 같았다.

그해 1학기 6월 마지막 전국학력평가 모의고사를 치른 뒤 그는 좌절하고 말았다. 그나마 유지해왔던 국어 성적이 더 떨어져버린 것이다. 그래서 담임선생님에게 도움을 요청했더니 오답노트를 만들어보라고 했다. 그는 지푸라기라도 잡는 심정으로 국어 오답노트를 만들었다. 그는 지문과 문제를 오답노트에 오려 붙이고 해설까지 함께 정리했다.

휘문고 국어 교사 박건호는 국어 오답노트에 대해 다음과 같이 말한다.

국어 영역 문제를 틀리면 틀린 이유를 알아야 하는데, 학생들은 대개 실수라고 생각합니다. 하지만 실제로는 실수가 아니고 원리를 제대로 이해하지 못했거나 지문을 읽는 방법이 잘못된 경우가 대부분입니다. 그래서 국어 영역에서도 오답노트가 필요합니다. 물론 국어 오답노트는 수학과는 다른 방법으로 작성해야 하고 활용방법도 달라야 합니다. 문제는 학생들이 방법을 잘 모른다는 점입니다.

그러나 오답노트를 만든 지 3개월이 지난 후에 다시 치른 9월 모의고사에서 사상 최악의 점수를 받아 더욱 심각한 절망에 빠졌다. 도대체 무엇이 문제인지 진지한 고민을 하기 시작했다. 문제점을 찾기 위해 틀린 문제를 점검하다가 놀라운 사실을 발견했다.

　대부분 2개의 보기를 놓고 어느 것을 선택할지 고민했던 문제를 틀렸다. 소위 '낚시' 문제에 속은 것이다. 치밀하게 공부하지 못했기 때문에 마지막 순간에 정답을 골라내지 못했던 것이다. 그의 문제점은 해답지를 보면서 오답노트를 복습했다는 데 있었다. 스스로의 힘으로 틀린 원인을 찾아야 하는데, 미리 해답을 보고 틀린 부분을 확인했으니 철저한 분석에 방해가 된 것이다.

　문제의 본질적인 원인을 파악한 그는 새로운 오답노트를 만들었다. 예를 들어 비문학의 경우, 보기를 찬찬히 다시 읽어본 뒤에 보기의 내용이 지문에서 어떻게 설명되고 있는지를 체크했다. 긍정적으로 다룬 문제가 보기에서 부정적으로 묘사됐다면 바로 그것이 틀린 답이다.

　지문 내용을 철저하게 분석한 뒤에는 자신의 느낌과 스스로 정리한 주제어를 메모했다. 이렇게 정리하다 보니 지문의 내용과 논리가 명확하게 보이기 시작했다. 문학의 경우에는 제시된 지문에 나온 단어의 성격과 의미를 자신만의 표식으로 분류했다. 동그라미는 긍정적인 의미, 네모는 상황과 상태, 세모는 부정적인 의미를 뜻하는 단어에 표시했다. 이렇게 각각의 의미를 나눠서 표시하면 작품이 말하고자 하는 것이 긍정인지 부정인지, 어떤 표현 기법이 사용됐는지, 사물과 상황을 어떻게 보고 있는지 등을 쉽게 알 수 있다.

수능을 2달 정도 앞둔 시점에서 그는 모의고사 문제를 놓고 오답노트를 만들면서 활용했던 방법으로 풀어보았다. 보기의 내용을 지문에서 찾아보고 일일이 서로 연결시키면서 보기가 지문을 제대로 해석하고 있는지 따져보는 식이었다. 그랬더니 단 1문제만 틀리고 98점이 나왔다. 오답노트를 통해 단어의 정확한 의미를 알고, 상황과 감정에 따라 단어를 적절하게 사용하며, 이를 재해석해서 자신의 생각을 논리적으로 표현할 줄 아는 능력이 생긴 것이다.

그는 인터뷰에서 다음과 같이 말했다.

대학에 와서도 친구들과 스터디그룹을 만들어 토론 수업을 진행할 때면 여전히 차근차근 지문의 주제어를 찾고 논리의 전개 과정을 따져보곤 해요. 고 3 때 익힌 오답노트 공부법은 여전히 활용할 여지가 많답니다. 아마도 고등학교 시절 다진 언어 실력은 나중에 사회에서도 유용하게 쓰이겠죠?

공주 한일고를 졸업하고 원광대 의예과에 입학한 신요섭도 오답노트만큼은 둘째가라면 서러워할 정도의 실력을 갖췄다. 그의 오답노트는 'Why'와 'How'로 정리되어 있다. Why에는 문제를 왜 틀렸는지에 대한 내용을, How에는 문제를 어떻게 풀 것인가에 대한 방법을 담았다.

아예 몰랐던 문제보다는 잘못 알아서 틀렸던 문제가 훨씬 위험하다. 이런 문제들을 Why와 How로 오답노트에 정리하면 잘못 알고 있던 개념을 바로잡을 수 있었다. 그에게 오답노트는 아주 활용도가 높은 참고서인 셈이다.

부산외고를 졸업하고 3수 끝에 서강대 경제학과에 진학한 강동우가 수능 국어 영역에서 만점을 받은 비결은 '개념노트'다. 그는 외고에 다닌다는 자만심 때문에 별로 노력하지 않으면서 공부를 등한시했고, 결국 고 3 때 진짜 실력이 드러나 수능에서 실패하고 말았다. 다음 해에 재수를 하면서 2번째 치른 수능마저 실패를 맛봐야 했다.

이대로 주저앉기에는 미련이 많이 남아서 고심 끝에 3수를 결심했다. 그리고 그동안의 모의고사 성적표를 다시 한 번 정리해봤다. 그랬더니 입시에 실패한 결정적 원인이 바로 들쭉날쭉한 국어 성적 때문이었음을 깨달았다. 그리고 처음 시작하는 마음으로 기초부터 다지기로 마음먹었고, 노트에 개념어 정리를 시작했다.

모든 과목과 마찬가지로 국어 영역에도 개념어가 존재한다.

문학이든 비문학이든 개념은 글쓴이가 그 글을 쓸 때 읽는 사람의 이해를 돕기 위해 사용하는 것이므로 작품을 이해하는 핵심 키워드이자 국어 공부의 첫걸음이라고 할 수 있다. 우선 지문을 읽고 개념어가 등장할 때마다 사전을 찾아봤다. 그랬더니 놀랍게도 정확한 뜻을 알고 있는 개념어가 드물었다. 그래서 새롭게 알게 된 정의를 사전처럼 정리해나갔다.

개념어가 출제된 문제 밑에 그 의미를 정리해 활용의 예를 적고, 따로 준비한 노트에 다시 한 번 옮겨 적어서 언제든지 들춰 볼 수 있는 자신만의 개념어사전을 만들었다. 그리고 해당 개념어가 출제된 시기를 꼼꼼히 기록하면서 출제 빈도수까지 분석할 수 있었다.

국어는 출제자가 문제를 만들 때 비슷해 보이는 개념어를 섞어서 오답을 유도한다. 따라서 개념노트 정리는 복잡하거나 시간이 오래 걸리는 작업은 아니지만 문제가 무엇을 요구하는지 명확하게 알 수 있고, 오답을 피해갈 수 있으며, 문제 푸는 속도도 향상되는 효과가 있다. 국어 문제를 풀기 전에 개념어 정리를 확실하게 해두는 것이 고득점의 비결이다.

그는 개념이 정리되자 좀 더 완벽한 공부를 위해 지난 10년간 수능과 전국모의학력고사에 출제된 문제를 모두 모아서 1권의 책으로 만들었다. 그리고 문제풀이방식을 바꿔서 단순히 문제를 풀고 넘기는 것이 아니라 하나씩 꼼꼼하게 분석하기 시작했다. 앞서 소개한 오답노트의 달인 김도균처럼 지문 속에서 정답의 근거를 찾았다. 그 과정에서 문제에 4종류의 각주를 달았다.

첫째, 함정 조심. 문제를 맞혔을 경우 그 답을 고른 이유를 적는다.

둘째, 헷갈렸던 이유. 어떤 점이 헷갈리게 만드는 요인인지 적는다.

셋째, 나의 오답 이유. 틀린 문제는 틀린 답을 선택한 이유를 적는다.

넷째, 함정. 문제 속에 숨겨진 함정을 찾아 적는다.

이렇게 4종류의 각주를 정리하면서 그는 정답을 골라내는 방법을 터득하고, 문제와 본문에 대한 이해도도 높일 수 있었으며, 문제 푸는 속도도 빨라지고, 정답률도 높아졌다. 각주 달기를 마친 후에는 해설지를 보면서 자신의 각주와 비교했는데, 자신의 생각을 정답에 가깝게 수정 보완하기 위해서였다.

문제 분석 과정을 거치면서 문제에 맞게 사고방식을 변화시킨 그는 6개월 후 평가원 모의고사에서 국어 영역 1등급을 받을 수 있었다. 하지만 시간 조절에 실패하는 바람에 3문제를 아예 풀지 못한 아쉬움이 남았다. 좀 더 완벽한 시험을 위해 시간과의 싸움을 시작한 그는 지문마다 문항 수에 따라 목표 시간을 정하고, 문제 풀이 시간을 체크한 다음 시간이 많이 걸리는 문제 유형의 지문을 모아서 반복적으로 풀었다. 이렇게 각주 달기로 약점을 보완하고,

제한 시간 내에 문제 푸는 연습을 반복한 결과 국어 영역에서 만점을 받게 되었다.

은근히 점수 올리기가 어렵고 만점 받기는 더 어렵다는 수능 국어 영역에서 만점을 받은 그는 인터뷰에서 다음과 같이 말한다.

> 결국 국어는 사고 싸움이거든요. 근데 문제를 틀렸다는 것은 제 사고가 틀렸다는 거예요. 그 문제를 맞히기 위해서는 제 사고를 변화시켜야 돼요. 그런데 문제를 분석하다 보면 제 사고가 문제를 맞히는 방식으로 변화되는 겁니다. 입시가 끝나고 보니 저 자신이 자랑스러웠습니다. 국어 영역 만점이라는 표면적인 점수보다 저 자신에게 후회하지 않을 만큼 열심히 목표를 향해 달려갔다는 사실이 스스로를 벅차게 만들었습니다.

대원고등학교를 졸업하고 서울대 화학생물공학부에 진학한 권순형도 개념노트의 달인이라 불릴 만하다. 그는 교과서의 목차를 2번 읽고, 속독과 정독으로 본문의 개념을 이해했으며, 실험 및 탐구활동을 분석하면서 교과서를 정복했다. 이런 과정을 통해 교과서의 개념 정리를 마친 후에 개념노트를 만들었다.

그의 개념노트는 교과서의 내용 그대로를 옮긴 것이 아니라 흩어져 있는 내용을 재구성해서 정리한 것이다. 이로써 300페이지의 교과서 내용이 단 20장으로 압축되어 자신에게 최적화된 개념노트로 완성되었다. 교과서를 바탕으로 개념노트를 만든 후에는 통합형 참고서의 내용을 정리해서 개념노트에 추가했다. 교과서와 통합형 참고서의 중심개념이 모두 담겨 있는 개념노트는 그의 소중한 보물이 되었다.

중마고등학교를 졸업하고 서울대 간호학과에 진학한 이진도 자신만의 개념노트로 성공한 케이스다. 어려운 집안 형편 때문에 제대로 된 개념서 1권을 사기도 힘들었던 그녀는 교과서나 문제집으로 공부를 하다가 풀리지 않는 문제가 있으면 친구의 개념서를 빌려서 확인해야 했다. 그러나 친구도 개념서를 봐야 했기에 빌릴 수 있는 시간은 길어야 하루밖에 안 됐다. 결국 그녀는 중요한 개념을 자신의 노트에 정리하기 시작했다. 그리고 다른 친구의 또 다른 개념서를 빌리면 자신의 개념노트에 정리한 내용과 비교하며 새로운 개념을 추가해나갔다.

이런 과정을 반복하면서 여러 권의 개념어 내용이 자신만의 개념노트에 체계적으로 정리되었다. 개념노트를 잘 만들었다는 소문이 났는지 개념서를 빌려줬던 친구들이 그녀의 개념노트를 빌리는 일까지 생겼다. 그녀는 개념노트를 통해 공부를 온전히 자신의 것으로 만들었던 것이다.

장충고등학교를 졸업하고 서울대 공학계열에 합격한 김동환의 개념노트는 조금 특이한 면이 있다. 그는 수업이 끝난 후에 머릿속에 정리된 주요개념을 노트에 정리했는데, 개념서를 참고해 자신에게 가장 쉽고 이해하기 쉬운 설명을 찾아 담으면서 자신만의 개념노트를 만들었다.

재미있는 것은 개념노트에 형형색색의 볼펜이 사용된다는 점이다. 우선 기본개념은 검은색 볼펜으로 정리한다. 다음으로 개념과 관련된 내용은 파란색 볼펜으로 적는다. 다른 개념에서 가져온 정보를 덧붙일 때는 빨간색 볼펜을 사용했고, 자신의 생각이나 궁금한 내용은 초록색 볼펜을 사용했다.

이렇게 정리 내용에 따라 볼펜의 색을 달리하니, 한눈에 보기도 쉽고 필요할 때 골라 보기에도 좋았다. 그는 자신의 수준과 공부법에 최적화된 개념노트를 만들었던 것이다.

대구 경화여고를 함께 졸업하고 숙명여대 일본학과에 진학한 이수민과 서강대 경제학부에 입학한 이경민은 '윈윈 공부법'의 대표적인 사례다. 이수민은 중학교 1학년 때 전체 432명 중 402등으로 전교 꼴찌 수준이었고, 공부보다는 친구들과 어울려 노는 걸 좋아했다. 반면 이경민은 중학교 시절 전교 최상위권 성적의 모범생이었고, 남의 일에는 별 관심이 없었다.

서로 많이 달랐던 두 친구는 같은 반이었던 중학교 2학년 때 우연히 대화를 나누다가 가까워지게 되었다. 그리고 같은 고등학교에 진학하면서 친구 관계는 계속되었고, 단순한 친구에서 함께 공부하며 서로의 성적을 끌어올려 주는 동반자적 관계로까지 발전했다. 도저히 어울릴 것 같지 않은 꼴찌와 일등의 조합이 뜻밖의 시너지 효과를 낸 비결은 바로 '윈윈 질문노트'였다.

　중학생 시절의 어느 날 수민이와 함께 놀던 친구들이 등을 돌려버렸을 때 손을 잡아준 사람이 바로 경민이었다. 그런데 둘의 성적 차이가 너무 크게 나서 친구가 될 수 있을지 고민되었다. 그래서 진정한 친구가 되고 싶어 성적을 올리기로 결심했다. 중학생이지만 기초가 전혀 없어서 초등 수준의 실력이었던 수민이는 궁금한 것을 적어두는 자신만의 '질문노트'를 만들어서 경민이에게 줬다. 경민이는 너무 낮은 수준의 질문이라 처음에는 당황했지만 어떤 마음으로 노트를 건넸는지 알기에 성실히 답을 적어서 돌려줬다. 질문노트를 통해 수민이는 교과서에 나오는 개념을 이해하는 데 도움이 되었고, 경민이는 답을 찾기 위해 더 정확하고 꼼꼼한 공부를 하게 되었다.

　그렇게 한 학기를 치열하게 보낸 후 치른 기말고사에서 수민이는 늘 전교 400위권 밖에 있던 성적을 단숨에 전교 20위권으로 올렸다. 자신감이 생긴 수민이가 더욱 열심히 공부하면서 질문노트의 내용도 달라졌다. 단편적인 개념을 묻는 일은 줄어들고 수준 높은 질문이 늘어갔다. 이 과정에서 경민이도 미처 몰랐던 것을 새롭게 알게 되는 일이 많아졌고, 부족한 부분을 철저하게 복습하게 되면서 공부의 질이 높아졌다. 둘 다 공부에 대한 새로운 재미를 느끼게 되었다.

수민이와 경민이는 궁금한 것을 채워주고, 부족한 것은 메워주며, 상대방의 공부법을 공유하고, 생각까지 서로 나누면서 2사람 모두 윈윈하는 놀라운 기적을 보여주었다.

노트는 공부한 내용을 효과적으로 정리하는 데 도움이 되는 학습 도구다. 정리를 하지 않고 공부 잘하는 사람을 찾기는 어렵다. EBS 〈공부의 왕도〉에 출연한 노트 정리의 달인들도 나름의 정리의 기술을 활용함으로써 배운 지식을 효과적으로 이해하고 암기해서 머릿속에 붙잡아 두는 데 성공했다. 자신만의 노트를 활용해 정리의 달인으로 거듭나길 바란다.

서울대 멘토들의
노트 정리법

서울대에 들어간 사람들은 어떻게 공부했을까? 그 궁금증을 해결하는 데 도움 줄 반가운 책이 있다. 다산에듀에서 출간한 《서울대 합격생 100인의 노트 정리법》은 서울대 합격생 100명의 공부 흔적이 담긴 노트를 200여 권 수집, 그들의 공부방법을 인터뷰해서 묶은 책이다. 양현, 김영조, 최우정 등의 서울대 출신 저자들과 그들의 선후배들이 공개하는 노트 정리법을 함께 살펴보자.

우리는 배운 것을 노트에 기록하고, 반복을 통해 학습하며, 정리하여 남겨놓는다. 노트는 과거의 공부 흔적을 고스란히 담고 있으며, 앞으로의 공부 방향 또한 제시해준다. 말하자면 공부의

역사이자 계획표와 같다. 노트는 수험생에게 종이 이상의 생명력을 가진 매개체다 - 양현, 김영조, 최우정

서울대 합격생 100인을 대상으로 노트 정리를 주제로 설문 조사를 했다.

먼저 '학창 시절, 노트 정리를 했나요?'라는 질문에 97퍼센트의 학생들이 노트 정리를 했다고 응답했고, 3퍼센트만이 하지 않았다고 했다. 노트 정리를 안 한 이유는 '기존의 참고서가 잘 정리되어 있어서' '일단 시작하면 계속해야 할 것 같고, 그 부담감이 오히려 공부에 방해가 될 것 같아서' '노트를 정리할 시간에 하나라도 더 보고 이해하는 것이 낫다고 생각해서' 등이었다.

노트 정리를 했다고 답한 97퍼센트의 학생들을 대상으로 노트 정리의 활용법과 효과, 과정, 방법에 대한 밀착 설문 조사를 진행했다.

'왜 노트 정리를 했나요?'라는 질문에 30퍼센트는 '나만의 방식으로 내용을 정리할 필요가 있기 때문에', 24퍼센트는 '암기에 도움되기 때문에', 23퍼센트는 '원리를 이해할 때 효과적이기 때문에', 23퍼센트는 '적으면서 정리할 때 집중이 잘되기 때문에' 등이었다.

'학습에 효과가 있었나요?'라는 질문에 57퍼센트는 '꽤 많이', 34퍼센트는 '다소 많이', 5퍼센트는 '보통', 4퍼센트는 '조금'이라고

답했다. 도움이 된 측면으로는 '애매하고 헷갈리던 내용이 이해된다' '취약 과목을 집중 정리할 수 있다' '정리 과정 중 공부 효과가 있다' '시간이 없을 때 1권만 보면 된다' '흐름을 잡고 공부에 집중할 수 있다' 등을 꼽았다.

'노트 정리에 앞서 사전 준비를 했나요?'라는 질문에 64퍼센트가 '그렇다'고 답했다. 사전 준비방법은 '자신의 사고과정을 메모해서 정리할 문제에 표시해두기' '노트 여백이나 메모지에 정리할 요점을 간단히 적어두기' '정리할 단원의 내용 흐름을 파악하고 큰 내용을 잡기 위한 공부를 미리 하기' 등이었다.

'노트 정리의 주요 내용은 무엇이었나요?'라는 질문에 33퍼센트는 '이해가 필요한 개념 및 원리 부분 위주', 31퍼센트는 '자신이 틀리는 부분 위주', 22퍼센트는 '암기가 필요한 내용 위주', 14퍼센트는 '거의 모든 내용'이라고 답했다.

'정리한 노트를 다시 보며 공부했나요?'라는 질문에 89퍼센트가 '네, 봤습니다'라고 응답했다. 다시 보는 이유로는 '시험 기간마다 또는 문제를 틀릴 때마다 재점검하기 위해' '내용을 다시 한 번 숙지하기 위해' '내가 정리한 것이 가장 편하고 신뢰할 수 있기 때문에' '암기한 내용의 확인을 위해' 등을 꼽았다.

어떤 분야든 고수가 되려면 3단계를 거쳐야 한다.

(1) '관찰'을 통해 고수들의 방식을 유심히 살펴본다. (2) '모방'을 통해 고수들의 정석적인 방식을 따라 하며 충분히 연습한다. (3) '최적화'를 위해 많은 실전 경험을 거치며 자신에게 가장 적합한 스타일을 구축한다.

노트 정리를 위해서도 비슷한 방식이 적용된다. 즉 고수들의 노트를 관찰하면서 그들의 공부법을 연구하고, 효과적인 노트 정리법을 모방하면서 몸에 익히며, 자신에게 최적화된 스타일을 구축하는 것이다.

노트 정리를 하는 목적은 크게 3가지다.

첫째,   **'기록과 복습'이다. 중요한 내용을 적어놓고 이를 되새기면서 공부하기 위해서다.**

둘째,   **'암기'다. 스스로 내용을 정리하면서 오랫동안 기억하기 위해서다.**

셋째,   **'지식의 시각화 및 체계화'다. 머릿속 지식을 노트에 시각화하면서 지식을 체계화시키기 위해서다.**

노트 정리를 잘하려면 겉으로 드러난 '기록'이 아니라 보이지 않는 두뇌의 '사고활동'에 더 많은 관심을 기울여야 한다.

노트 정리 과정은 사고활동과 밀접한 관련이 있다. 노트 정리

전에는 '사고의 필터'를 통해 어떤 것을 정리할 것인지 선별한다. 노트 정리 중에는 '사고의 과정'을 통해 생각이 명확해지고 확장된다. 노트 정리 후에는 '기억의 보조 및 복습 수단'으로써 공부했던 내용을 돌아보고, 수정 보완하는 과정을 통해 공부를 완성한다. 보통 학생들은 '노트 정리 후'를 중요하게 생각하지만, 서울대 합격생들은 '노트 정리 전과 중'을 더 중요하게 생각한다. 왜냐하면 노트 정리의 궁극적인 목적은 결국 머릿속에서 이루어지는 '이해와 암기'이기 때문이다.

서울대 합격생 100인의 노트에서 밝혀낸 공통점은 크게 5가지로, 키워드는 '핵심' '체계' '설명' '집약' '메모'였다.

첫째, '핵심'을 파악하며 정리한다. 주어진 시간 동안 효율적으로 노트 정리를 하려면 핵심 위주로 해야 하고, 이를 위해 우선순위부터 파악해야 한다. 효과적으로 핵심을 파악하려면 기호와 색깔, 핵심 상자를 활용해 정리하는 것이 좋다.

둘째, '체계'를 생각하며 정리한다. 낯설고 생소한 지식을 친숙하게 느끼는 방법은 내용 간의 연관성과 체계를 이해하는 것이다. 효과적으로 체계를 잡으려면 목차와 범주를 파악하며 정리하고, 표를 적극적으로 활용하는 것이 좋다.

셋째, 논리적으로 '설명'하며 정리한다. 어떤 과목이든 개념을 파악하고 원리를 이해하는 것이 중요한데, 논리적으로 설명하듯이 노트 정리를 하면 원리의 인과관계와 전개과정을 파악할 수 있다. 효과적으로 논리를 설명하려면 숨어 있는 원리 파악하기, 공식과 법칙의 의미 이해하기, 다른 사람이 읽더라도 쉽게 이해시키기, 단어와 숫자 하나하나의 의미까지 파악하기 등의 방법이 좋다.

넷째, 한눈에 들어오도록 '집약' 정리한다. 개념과 원리를 쉽고 빠르게 파악하려면 명확한 문장이나 그림으로 '이미지화'시키는 것이 좋다. 한눈에 들어오도록 집약해서 노트를 정리하는 것은 복잡한 지도를 1장의 약도로 만든 것과 같다. 약도를 보면 길을 잘 찾을 수 있듯이, 집약노트를 보면 학습 내용 전체를 하늘에서 내려다보듯 파악할 수 있다. 집약노트를 만들려면 큰 항목을 추려 얼개를 만들고, 세부 내용을 요약해 간결하게 정리하며, 상상한 실험과 관찰·조사 상황을 노트에 시각화하고, 의도가 드러나도록 시각 자료를 만드는 것이 좋다.

다섯째, 사고과정을 '메모'하며 정리한다. 문제 풀 때 실수를 반복하지 않으려면 착각한 부분, 오답이 나오게 된 과정, 참신한 풀이법 등을 습관적으로 메모하면서 자신만의 노하우를 축적해야 한다. 사고과정을 메모하려면 실수할 때마다 실수하는 과정 중심으로 나만의 노하우를 곁들여서 적어야 한다. 메모를 할 때는 번뜩이는 아이디어도 함께 적으면 좋은데, 새로운 방향에서 문제 바라

보기, 다양한 풀이법 적용하기, 아이디어의 핵심 파악하기 등이 중요하다.

양현, 김영조, 최우정 등 3명의 선배들은 다음과 같은 말로 후배들을 격려한다.

어떤 일을 하든 지금보다 더 잘할 수 있는 방법을 찾아 고민하고 개선해나가려는 노력이 가장 중요하다. 인생에서 가장 중요한 시기인 학창 시절에도 이런 고민과 노력은 필요한데, 그러려면 열정과 끈기가 뒷받침되어야 한다. 서울대 합격생들의 노트 정리법을 통해 선배 수험생들의 열정과 끈기를 후배들이 느끼게 되길 바란다. 열정과 끈기로 고민하고 노력하는 자세를 가진 사람의 앞날에 무궁한 영광이 있을 거라 믿는다.

도쿄대 멘토들의
노트 정리법

한국 최고의 대학이 '서울대'라면 일본 최고의 대학은 '도쿄대'다. 매년 일본에서 1만 명의 수재가 도전하지만 3,000명밖에 들어가지 못하는 최고의 학부 도쿄대에 들어간 사람들의 공부법을 소개한 책이 있다. 중앙북스에서 출간한 《도쿄대 합격생 노트 비법》이다.

이 책은 도쿄대에 재학 중이거나 졸업한 학생들의 노트 200권을 분석했다. 노트를 만든 학생들은 도쿄대 합격을 위해서 엄청난 양의 지식과 정리기술의 힘, 문제를 보고 반사적으로 움직이는 손의 스피드가 중요하다고 한다. 이런 합격 요소와 노트는 어떤 관계가 있을까? 지금부터 그 특별함의 근원을 함께 살펴보자.

우선 '왜 정리해야 하는가?'에 대한 질문을 생각해봐야 한다. 쓰기라는 행위에는 '기록' '정리' '전달'이라는 3가지 역할이 있다.

'기록'이란 수업 시간에 정리하는 것으로, 그 자리에서 바로 이해하고 복습하기 위해 선생님의 판서나 설명하는 내용을 적는다. '정리'는 지식을 체계적으로 정돈하는 것으로, 배운 지식을 내 것으로 만들기 위해 정리하거나 어려운 부분과 중요한 부분만 뽑아 정리한다. '전달'이란 문제를 푸는 것으로, 내신시험이나 모의고사에서 실전이라고 생각하며 문제풀이를 반복한다. 도쿄대 노트는 이 3가지 역할에 충실하겠다는 목적을 위해 정리하며, 그 과정에서 자연히 효율적인 공부로 이어진다.

정리를 하는 더욱 중요한 이유는 즐겁기 때문이다. 수업노트에는 느낀 점이나 이해한 내용, 의문점 등이 적혀 있으므로, 다시 볼 때 일기를 보는 듯한 느낌이 들면서 수업 당시의 느낌을 생생하게 되살릴 수 있다. 그리고 나름의 규칙으로 정리한 노트는 믿을 수 있는 자신만의 전용 참고서가 된다. 또한 배운 내용을 모조리 정리한 노트는 자신의 머릿속 그 자체라고 할 수 있다. 결국 노트 정리는 공부를 즐기기 위해서 하는 것이며, 이는 인생을 좀 더 즐기는 것과 관련이 있다.

스와도쿄이과대학의 시노하라 기쿠노리 교수는 노트 정리가 뇌과학적으로 효과가 있는지 한 학생을 대상으로 실험을 했다.

첫 번째 실험에서 판서와 함께 선생님의 설명을 노트에 적었더니 뇌의 이해와 기억이 저장되는 부위가 빨갛게 활성화되었다. 두 번째 실험에서 판서만을 노트에 적었더니 이해를 담당하는 부위는 빨갛게 활성화되었지만 그 밖의 부위는 별로 활성화되지 않았다. 세 번째 실험에서 판서와 함께 선생님의 설명을 컴퓨터에 입력했더니 전체적으로 뇌가 활성화되지 않으면서 이해와 기억으로 이어지는 뇌 상태가 아니었다.

3번의 실험 결과를 종합해보면 판서만 옮겨 적을 때보다 선생님의 설명을 들으면서 의식적으로 정리할 때 뇌가 더 많이 활성화되는 것을 알 수 있다. 그리고 컴퓨터는 뇌 활성화에 큰 도움이 되지 않으므로 이해하는 작업보다는 메모용으로만 사용하는 것이 좋다.

도쿄대 합격생들의 노트에는 7가지 법칙이 숨어 있다.

첫째, 제목을 맞춘다. 보기에도 좋고 내용을 확실히 구별하기 위해 문장의 서두를 맞추는 것은 가장 기본적인 정리법이다.

둘째, 복사물을 이용한다. 여러 과목을 공부하려면 단순히 옮겨 적기만 하는 것보다는 쓸 필요가 없는 부분을 복사해 붙이는 것이 효율적이다.

셋째, 대담하게 여백을 남긴다. 보기에도 쉽고 수업 중에 선생님의 설명을 적을 수도 있으며, 복습할 때 추가 정보를 기록하기 위해 여백이 필요하다.

넷째,　　　목차 및 색인을 활용한다. 정리한 노트를 다시 확인할 때 편리하도록 각 페이지 왼쪽 상단에 단원명 등 타이틀이 될 만한 큰 제목을 달거나 목차를 적거나 색인 스티커를 활용하면 좋다.

다섯째,　　단락 구분이 중요하다. 적을 내용을 1페이지에 다 정리하지 못할 때는 다음 장으로 넘어가는 것보다 주어진 페이지 안에서 잘 정돈해 적는 것이 좋다.

여섯째,　　나만의 형식을 만든다. 무엇을 어디에 어떻게 적을지 각자 제일 쓰기 편한 형식을 선택한다.

일곱째,　　정성껏 정리한다. 2차 논술시험을 대비해 평상시에 다른 사람이 읽기 쉽게 써야 한다.

과목별 특성에 따라 노트 정리법도 다르다.

영어 독해 노트의 경우 예습과 수업, 복습을 예상하며 자신만의 형식을 찾아내는 것이 핵심이다. 예습 단계에서는 수업 시간에 정리할 공간을 남겨두고, 수업 시간에는 복습할 때 다시 볼 것을 생각하면서 중요한 부분이 눈에 잘 띄도록 한다. 영어 문장을 옮겨 적을 시간이 부족할 때는 복사해서 붙이고 그 밑에 설명을 쓸 수 있는 여백을 남겨둔다.

수학은 수업노트와 문제풀이노트를 구분한다. 수업노트는 새로 배운 해법이나 기본 지식을 이해하기 위한 노트기 때문에 판서를 제대로 하겠다는 정신이 중요하다. 문제풀이노트는 배웠던 해법을 머릿속에 입력하기 위한 노트이므로 시험 답안을 작성한다는 생각으로 적는다.

국어는 각 요소의 배치가 중요하다. 고문(古文)노트에는 고문 해석(현대문), 단어 정리, 판서 등 3가지가 중요하다. 노트 페이지를 3개의 공간으로 나누고 제일 큰 부분에 고문을 2~3줄 정도 비우고 적고, 고문 옆에 현대문 번역을 적는다. 그리고 제일 작은 공간에 예습 단계에서 찾은 단어를 적고, 남은 공간에 판서를 적는다.

도쿄대 졸업생들의 노트는 사회인이 되어서도 계속된다. 대기업에 근무하는 가토리는 학창 시절의 노트방식을 그대로 업무에 응용하고 있다. 그는 '아웃풋과 독창성을 요구하는 자리에서 일하며 노트의 힘을 다시금 크게 느낀다'는 말과 함께 '노트를 통해 머릿속에 점점이 흩어져 있던 정보를 정리할 수 있다. 뿔뿔이 흩어진 정보는 서로 연결하지 않으면 하나의 단순한 정보에 불과하다. 그것이 노트 위에 나열되면서 유기적 연관성을 가지게 되고, 생각지도 못한 무언가를 이끌어낼 수 있다'고 예찬하였다.

토니 부잔의
마인드맵노트 정리법

아무리 복잡한 이론과 개념이라도 단 1장의 문서로 압축해서 표현할 수 있을까?

이런 질문에 명쾌하게 'Yes'라고 대답할 수 있는 것은 마인드맵(Mind map) 덕분이다. 마인드맵은 영국의 전직 언론인 토니 부잔이 '인간 기억의 한계를 극복하는 최고의 지식 정리기술'로 주장, 유럽에서 '성공인의 기록 습관'으로 인정받으며 선풍적인 인기를 얻은 이론이다. 생각을 기록하면 시야가 넓어지며, 적는 습관은 두뇌의 종합적 사고를 키워준다. 읽고 생각하고 분석하고 기억하는 모든 활동을 마음속에 지도를 그리듯이 해야 한다는 방법이다.

마인드맵은 무한대의 두뇌 창고를 여는 문이고, 노트 정리의 어려움을 해결하는 방법이며, 시간 관리와 기억력 향상에 기폭제역할을 하는 기술이다. 마인드맵의 창시자 토니 부잔은 《공부, 하려면 똑똑하게 하라》는 책에서 다음과 같이 마인드맵을 소개한다.

마인드맵은 키워드(핵심어)와 키이미지를 사용해 정보를 조직화하고 우선순위를 정한 후 도식화하고 네트워크화하는 정보 저장방법이다. 여기에서 사용되는 키워드와 키이미지는 새로운 생각과 아이디어를 이끌어내고 특정 기억들을 스냅사진 찍듯이 저장해둔다. 마인드맵에서 키워드와 이미지는 두뇌의 놀라운 잠재력을 들추어내고 갇혀 있던 아이디어, 사실, 정보의 자물쇠를 푸는 열쇠다. 마인드맵이 효과적이라는 것을 알 수 있는 단서는 바로 마인드맵의 기능적인 모양과 형태다. 마인드맵은 뇌세포의 모양과 형태를 그대로 사용하면서 두뇌가 효과적이면서도 빠르게 작용하도록 디자인되어 있다. 본디 타고난 것처럼 자연스럽게 사용하는 방식이다.

마인드맵은 읽기, 복습하기, 정리하기, 시험 계획 짜기 등에 가장 적합하고, 정보를 모으고 순서를 정해서 조직화하는 데 유용하다. 즉 마인드맵은 정보를 효과적으로 관리하는 '최고의 학습법'이라고 할 수 있다.

아이디어와 정보를 항목으로 나열하는 '직선적 사고'는 핵심사항을 아주 짧은 시간만 접할 수 있고, 정리하는 동안 말하고 듣고 읽는 부분을 기억할 수 없다는 한계가 있다. 정보를 전체적으로 받아들이는 '전뇌식 사고'는 직선적 사고의 단점을 극복하고 핵심과 전체 내용을 힘들이지 않고 파악할 수 있게 도와준다. 마인드맵은 '전뇌식 사고'를 현실에 적용한 대표적인 방법이다.

《생각정리의 기술》의 저자 드니 르보는 마인드맵의 효과에 대해 다음과 같이 말한다.

마인드맵은 정형화된 교육방식 때문에 오랫동안 홀대받았던 능력을 활용하도록 해준다. 우뇌의 기능에 속하는 상상력과 창의력, 전체적인 비전, 유추능력, 정보의 공간화 등의 능력과 좌뇌가 담당하는 언어와 질서, 논리, 합리성 관련 능력을 동시에 사용해서 완벽한 시너지 효과를 낼 수 있게 도와준다. 마인드맵을 사용하면 다양한 이점도 많다. 자신감과 사고의 자율성이 커지고, 기억력이 향상되며, 학습에 대한 열정이 생긴다. 복잡한 상황에서 침착하게 대처할 수 있고, 새로운 자원을 활용하는 기쁨을 얻을 수 있으며, 시간을 효율적으로 이용하는 데에서 오는 만족감도 크고, 논리 정연하게 주장을 전개할 수도 있다. 무엇보다도 자신의 지식을 제대로 활용하고 있다는 느낌이 가장 큰 이점이다.

일반적으로 효과적인 노트 정리는 다음과 같은 항목을 담고 있어야 한다.

첫째,　　계획과 주제를 미리 볼 수 있다.

둘째,　　사실을 명확하게 인지하고 이해할 수 있다.

셋째,　　이미 알고 있는 지식을 반영한다.

넷째,　　정보를 효과적으로 간직할 수 있다.

다섯째,　쉽게 회상할 수 있다.

여섯째,　효과적인 정보 전달방식이다.

이 6가지 노트 정리의 요소를 분석해보면 '전형적인 노트 정리의 단점'이 파악된다. 첫째, 미리 보는 과정 없이 무턱대고 정리하는 것은 금방 공부를 포기하게 만든다. 둘째, 종이에 모든 것을 받아 적는 데에만 몰두하면 내용을 비판적으로 분석하지 못하고 이해하기도 어렵다. 셋째, 정리에만 몰두하면 본질에서 벗어나거나 주의가 분산되어 선생님이 정말 말하고자 하는 핵심을 놓치게 된다. 넷째, 너무 많은 양의 노트는 오히려 복습하기 싫어지게 만들거나 내용 이해를 방해할 수 있다.

마인드맵은 이런 노트 정리의 단점을 모두 극복할 수 있는 방법이다. 마인드맵을 그리려면 몇 가지 장애물부터 제거해야 한다.

정보 표현방법을 바꾸는 것에 대한 거부감, 돈도 안 들고 기술도 필요 없는 초간단 도구에 대한 불신감, 괴짜라고 낙인찍힐지도 모른다는 불안감, 이미지나 기호로 정보를 표현할 수 있는 타고난 능력에 대한 과소평가, 즐기는 것과 효과적으로 일하는 것은 양립할 수 없다는 고정관념 등은 스스로 만드는 장애물이다. 이런 장애물을 극복하려면 마인드맵을 잘 그리겠다는 하나의 목표를 설정하고 오직 그것만을 달성하는 데 모든 신경을 집중하는 것이 좋다.

마인드맵을 그리는 것은 '자신만의 학습 지도'를 찾는 과정과 비슷하다.

(1)종이를 가로로 놓고 다양한 색깔의 펜을 활용해 마인드맵의 중심부에 목표를 나타내는 그림을 그린다. 그림은 생각한 것을 생생하게 컬러로 표현한다. (2)주개념을 정한다. 주개념은 연상되는 모든 생각을 걸게 되는 '걸이못'에 비유할 수 있다. (3)세부적인 기술을 활용해서 목표에서 주개념-부개념-세부개념 등으로 나무에서 가지가 뻗어나가듯이 방사형으로 그려나간다.

마인드맵을 포함한 모든 노트 정리의 결정적인 요소는 공부한 내용의 본질을 담고 있는 적절한 핵심 키워드의 선택이다. 키워드를 선택할 때는 다음의 5가지 요소를 고려해야 한다.

첫째,　　　정확한 기억을 불러일으켜야 한다.

둘째,　　　지나치게 서술적이거나 추상적·일반적이어서는 안 된다.

셋째,　　　마음속에 특정 이미지를 떠올려야 한다.

넷째,　　　자기가 만족해야 한다.

다섯째,　　정보를 요약하는 힘이 있어야 한다.

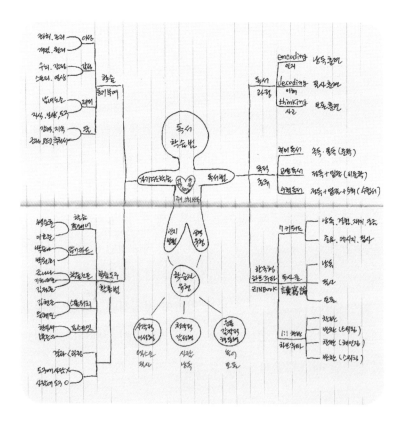

마인드맵을 잘 그리려면 몇 가지 기술이 필요하다.

첫째, '강조 기법'이다. 항상 중심 이미지를 그리고, 가능한 이미지로 표현하며, 글자와 가지, 이미지를 다양한 크기로 사용하고, 각 항목 주위에 적절한 공간을 부여한다.

둘째, '연상결합 기법'이다. 연결할 때는 화살표를 사용하고, 점과 십자, 원, 삼각형, 밑줄 등 다양한 색상 부호를 사용한다.

셋째, '명료화 기법'이다. 키워드는 하나의 가지에 하나만 쓰고, 모든 단어는 활자체로 쓰며, 키워드는 가지 위에 표현한다. 가지와 단어의 길이는 같게 하고, 가지의 두께는 중심으로 갈수록 두껍게 곡선으로 연결하며, 이미지는 되도록 명료하게 표현한다.

이 외에 마인드맵을 레이아웃해서 구조화하는 '단계적 분류 기법'과 생각의 순서를 매기기 위한 '번호 사용 기법'도 활용하면 좋다. 무엇보다 자신만의 스타일을 개발하는 것이 중요하다.

마인드맵을 그릴 때 반드시 피해야 하는 유의사항도 몇 가지 있다.

첫째, 애써 그린 마인드맵이 실제로는 마인드맵이 아닌 경우다. 가지와 가지 사이의 연결에 생동감이 없으면 각각의 생각이 따로 놀고 생각이 서로 단절되게 됨으로써, 두뇌가 새로운 생각을 떠올리지 못하고 사고의 흐름을 막을 수 있다.

둘째, 가지 위에 단어만 적으면 생각이 고정될 수 있으므로 가지와 단어를 구(句) 형태로 묶어서 열어두어 자유로운 연상결합이 생기게 해야 한다.

셋째, 너저분하고 정신없으면서 도움도 안 되는 마인드맵을 만들지도 모른다는 부정적인 생각에서 벗어나야 한다. 왜냐하면 어떠한 마인드맵이라도 보통의 정리법보다는 훨씬 더 가치 있는 정보를 담고 있기 때문이다.

어떤 한 분야에 대해 공부하고 있다면 '마스터 마인드맵'을 만들면 좋다. 마스터 마인드맵은 어떤 한 분야의 지식을 더욱 심화시키고 다른 분야의 지식까지 흡수해, 자신만의 방대한 지식창고를 만드는 방법이다. 마인드맵은 텍스트 형태의 개념과 내용을 조직화하는 좌뇌와 이를 이미지화시키는 우뇌를 동시에 사용함으로써 창의성과 발산적 사고력, 논리력을 향상시킨다. 따라서 학업을 위한 노트 정리뿐만 아니라 문학과 비문학 독서노트, 계획안이나 기획안 등에도 적용할 수 있다. 마인드맵을 적극적으로 활용한다면 언제 어디서든 좋은 성과를 거둘 수 있을 것이다.

공충정달 선생의
수첩 정리 노하우

몇 년 전 강의력 향상과 강사네트워킹을 위해 이화여대 최고명 강사과정에 참여를 했다. 그때 함께 공부했던 원우들이 지어준 별명이 '공충정달(工蟲整達)'이다. '공충'은 '공부벌레'를 좋은 의미로 부르는 말이며, '정달'은 '정리의 달인'의 줄임말이다. 즉 '공충정달'은 공부벌레처럼 정리를 뛰어나게 잘하는 사람이란 의미다.

내가 공충정달이 된 것은 몇 가지 에피소드 때문이다. 평소 강의 듣고 후기 남기기를 좋아하는데, 원우회 게시판에 사진을 곁들여서 기자처럼 자세히 강의장 분위기를 전했더니 '정리를 어쩌면 이렇게 잘할 수 있냐'면서 칭찬이 쏟아졌다.

공충정달의 역사는 지금부터 20년 전으로 거슬러 올라간다.

고등학교를 졸업했지만 아직 보송보송한 솜털이 가시지 않은 대학 신입생은 새 학기가 시작되자 교내 문구점에서 휴대용 수첩을 하나 샀다. 특별한 이유가 있었던 건 아니었고, 그냥 월간 달력에 중요한 일정을 정리하기 위해서였다.

그렇게 대학생활과 군대생활을 거치며 보낸 20대의 10년을 수첩과 함께했다. 하지만 일정만 정리하는 스케줄러로 수첩을 사용했기 때문에 특별한 변화는 없었다. 그러다가 서른 즈음에 뭔가 깨달음이 있어서 성공학에 관심을 가지게 되었고, 책을 보다가 자기 사명 선언문을 작성하고 목표를 기록해야 성공할 수 있다는 것을 알게 되었다. 그때부터 수첩의 표지 앞뒤에 자기사명 선언문과 함께 나의 꿈과 목표, 신년 계획을 적기 시작했다.

참으로 놀라운 일은 수첩에 꿈과 목표와 계획을 적기 시작하자, 기록한 것이 살아 움직이며 하나씩 현실이 되었다는 사실이다. 그래서 학습법전문강사가 되고, 교육작가로 책도 출간하고, 교육프로그램을 개발해서 강사 양성도 하게 되었다. 평범한 기자 수첩이 '꿈을 이루는 마법의 수첩'으로 바뀌게 되자 더욱 애착이 생겨서 2009년부터는 수첩 사이즈의 포켓용 프랭클린플래너를 쓰기 시작했다.

이제 플래너는 좀 더 다양한 것으로 채워지고 있다. 매년 연초에 쓰는 자기사명 선언문과 올해 이루고 싶은 꿈과 목표, 신년 계획,

09 Monday

10 Tuesday   69th Day 296 Left

11 Wednesday

PQ3R (SQ3R)

12 Thursday   71st Day 294 Left

때로는 침묵이 가장 큰 목소리를 가질 때가 있다.
—리로이 브라운

2015

13 Friday

14 Saturday   73rd Day 292 Left

Sunday

2015

3

MARCH

Weekly Goals

역할 1

M T W T F   March   M T W T F   April
9 10 11 12 13 14 15 16 17 18 19 20 21 22
23 24 25 26 27 28 29 30 31   1 2 3 4 5 6 7 8

www.eklc.co.kr   ✓완료 ▷연기 ✕취소 · 김은위임 · 진행중   www.casualplanner.co.kr

사람의 삶은 자기 개인에 국한된 관심사를 전 인류에 대한 관심사로 확대할 수 있을 때 비로소 시작된다. –마틴 루터 킹 Jr.

2015

04 Monday   124th Day 241 Left

05. Tuesday   125th Day 240 Left

06 Wednesday   126th Day 239 Left

07   127th Day 258 Left

Friday **08** 이버이날
128th Day 237 Left

Saturday **09**
129th Day 236 Left

Sunday **10**
130th Day 235 Left

Weekly Goals
역할 1

자기관리
체력단련
대인관계
자기계발
자아실현

역할 3

1	2	3	4	5	6	7
8	9	10	11	12	13	14
15	16	17	18	19	20	21
22	23	24	25	26	27	28
29	30	31				

www.eklc.co.kr

www.eklc.co.kr   www.casualplanner.co.kr

내 성적을 바꿔줄 단 하나의 노트

좋아하는 명언과 격언 등은 표지 앞뒤를 채우고, 월간 달력에는 강의와 미팅, 저술 일정이 적혀 있다. 주간 단위로 매일 해야 할 일을 구체적으로 적는 본문에는 이것저것 잡다한 것이 빼곡하게 메모되어 있다.

비즈니스 미팅을 하면서 나눴던 얘기, 코치들과 회의 내용, 상담이나 컨설팅을 하면서 오고 간 대화, 독서토론을 진행하면서 참여자들과 했던 질의응답, 책을 읽거나 강의를 들으면서 인상 깊었던 구절, 저술이나 강의를 위한 아이디어, 갑자기 스치듯이 지나간 좋은 문구 등 나와 관련된 많은 것이 수첩에 담겨 있다.

20년이 넘게 매년 1권씩 수첩을 쓰다 보니 어느새 책상 서랍 한가득 수첩이 둥지를 틀었다. 가끔씩 손때 묻은 수첩을 꺼내 들춰보면 지나간 20대와 30대의 청춘이 빛났던 어느 때로 갑자기 순간 이동하는 것 같은 착각이 든다. '기록은 기억을 지배한다'는 말이 명확하게 이해되는 순간이기도 하다. 수첩은 과거에 그랬던 것처럼 앞으로 남은 내 삶에 있어서도 소중한 동반자가 되어줄 거라 믿는다. 나는 수첩과 사랑에 빠졌다. 그래서 행복하다.

내 성적을 바꿔줄 단 하나의 노트

이 장에서는 '닮고 싶은 멘토들의 노트 정리법'을 살펴봤다.

첫 번째는 '인류의 역사를 바꾼 천재들의 탁월한 노트 정리법'이었다.

인류 역사상 가장 위대한 천재인 레오나르도 다빈치는 화가, 발명가, 기술자, 해부학자, 음악가 등으로 활약하며 다양한 분야에서 뛰어난 업적을 남긴 예술가이자 과학자, 사상가였다. 그가 얼마나 위대한 천재였는지는 그가 남긴 수많은 노트를 통해 알 수 있다. 다빈치는 자신의 시간을 3으로 나눠서 아침에는 과학 연구, 오후에는 주문 작품 제작, 저녁에는 인체 해부를 했다. 그는 탐구 과정에서 떠오른 머릿속의 생각을 글과 그림으로 형상화시켰다. 과학자로서 사실에 대한 관찰과 수집, 탐구를 했고, 예술가로서 정확한 묘사를 했으며, 학자로서 정밀한 언어로 표현했다. 글씨를 쓸 때는 주로 좌뇌를 사용하고, 그림을 그릴 때는 우뇌를 사용함으로써 좌우 뇌를 동시에 사용했다.

17세기 과학혁명의 상징적인 인물이자 광학, 역학, 수학 분야에서 뛰어난 업적을 남겼고, 만유인력의 법칙으로 유명한 아이작 뉴턴도 노트 정리의 대가였다. 그의 업적에 가장 큰 영향을 미친 것은 평생 손에서 떠나지 않았던 '노트'였다. 케임브리지 시절에 뉴턴은 독서를 통해 얻은 지식을 45개의 소제목으로 만들어서 노트에 하나씩 정리했다. 그는 본격적인 과학자의 길을 걸으면서 '질문' '문제들' '잡기장'이라는 3가지 노트를 지적 여행의 동반자로 삼았다. 그는 3가지 노트를 종합적으로 정리해서 논문을 발표하거나 책으로 냈는데, 평생 자신의 생각을 노트에 정리하면서 생각이 이어져 탁월한 사상에 이르렀다.

18세기 조선 후기의 대학자로 실학을 집대성하고 위대한 저술을 많이 남긴 다산 정약용도 노트 정리의 대가였다. 그는 실학자, 저술가, 철학자, 과학자, 공학자로 활동했고, 유교 경전에 대한 새로운 해석을 통해 조선의 세계관에 대한 반성을 시도했으며, 수원 화성을 건축할 때는 도르래와 거중기로 큰 도움을 주었다. 그러나 천주교에 연루되어 18년간 귀양살이를 했는데, 이 기간 동안 《목민심서》와 《경세유표》 등의 명저를 남기며 고난의 시기를 위대한 학문적 성과로 바꾸었다. 그가 유배지에 있을 때 자녀들에게 보낸 편지에는 '독서하는 법' '연구하는 과정' '책을 쓰는 법' 등이 담겨 있는데, 밤낮을 쉬지 않고 쓰느라 팔이 마비가 되고 시력이 극도로 나빠져서 오직 안경에 의존했다는 부분에서 학자로서의 마음가짐과 자세를 배울 수 있다.

두 번째는 '뛰어난 성과를 거둔 성공인의 메모기술'이었다. 대표적인 메모광으로는 에디슨과 링컨이 있다.

발명왕 에디슨은 전등, 축음기, 축전지, 전신기, 영사기 등 1,100여 개의 특허를 보유했고, 세계적인 기업 제너럴일렉트릭의 창업주다. 수많은 어려움과 핸디캡을 딛고 경이로운 발상으로 세상을 바꾼 비결은 '메모 습관' 덕분이었다. 그는 평생 책을 읽고 메모를 하고 매일 일기를 썼는데, 약 500만 매에 이르는 방대한 분량의 메모와 일기를 남겼다.

미국 역사상 가장 위대한 대통령으로 불리는 에이브러햄 링컨이 어려운 가정 형편을 극복하고 변호사로 성공한 후 대통령까지 될 수 있었던 비결은 '필사, 메모 습관' 덕분이다. 그는 널빤지에 숯으로 글을 쓰고, 책을 빌린 후에 그 내용을 일일이 베낀 다음 실로 묶어서 공부했다. 그는 명연설가들의 책을 낭독하고, 마음에 드는 부분을 필사했으며, 스크랩북으로 만들어서 항상 가지고 다니며 암기했는데, 이런 방법으로 최고의 변호사로 성공하고, 감동적인 연설로 미국의 대통령 자리에까지 올랐다.

세 번째는 '공신이라 불리는 노트 정리의 달인들'이었다.

《나나 너나 할 수 있다》를 쓴 금나나는 경북대 의예과 시절 미스코리아 진에 당선되었
고, 이후 하버드대 보건대학원에서 영양학과 역학 박사 학위를 취득한 후 꿈을 위한 도전
을 이어가고 있다. 금나나의 노트 정리법은 '펜을 적재적소에 활용하기' '과목의 특성에 맞
는 노트 선정' '법칙에 맞는 연습장 작성' '스크랩북 같은 문제집' '자신만의 코드 개발'로
정리된다. 하버드대 재학 시절 MBC 〈네버엔딩스토리〉에 출연한 그녀는 '보이스레코더를
이용한 노트 정리방법'과 '컬러테이프를 이용해 중요한 문제 유형 분류하기 방법'을 소개
하기도 했다.

고등학생 때 《짱글리쉬》라는 영어학습만화를 펴내서 하버드대에 합격한 후 《하버드
감동시킨 박주현의 공부반란》이란 책을 쓴 박주현도 노트 정리의 달인이다. 특히 그녀는
수업 내용을 그림으로 표현하는 것을 좋아했는데, 선생님이 설명하는 내용을 이미지로
그리고 자신만의 스토리로 만들어서 발전시킨다. 이런 방식의 노트 정리법 덕분에 시험
을 앞두고 중요개념을 정리할 때 유용하고, 기억을 되살리는 데 효과적이라고 한다.

《필기왕 노트 정리로 의대 가다》의 저자 김현구는 고등학교 1학년 때부터 시작한 노트
정리 덕분에 3자리 등수를 1년 만에 전교 1등으로까지 끌어올리며 간절히 원하던 의대 진
학의 꿈을 이루었다. 그는 목적에 따라, 과목 특성에 따라, 유형에 따라 노트를 정리했다.
또 고등학교 시절 꼴찌에 가깝던 친구에게 노트 정리법을 알려줘서 상위권으로 성적을
끌어올리는 데 도움을 줬고, 대학생 때는 과외 수업을 하면서 제자들에게 노트 정리법을

알려줘서 서울대와 수도권 약대 입학의 성과를 거둠으로써 노트 정리의 위력을 확인하였다.

네 번째는 'EBS 〈공부의 왕도〉에 출연한 노트 정리의 달인들'이었다.

부산 금곡고 후배들 사이에서 전설로 불리는 기하야진은 고교 3년간 내신 1등급, 교내 최상위 성적을 단 한 번도 놓치지 않았고, 서울대 외국어교육과에 우수한 성적으로 들어갔다. 그녀는 공부할 때 제일 먼저 교과서를 정독하면서 학습 내용의 큰 틀을 짜고, 대단원과 소단원을 중심으로 전체 구조를 파악하며, 인과관계와 배경, 결과에 따라 교과서를 재구성해서 노트에 정리한다. 자신만의 기준으로 단락을 나누기도 하고, 긴 문장을 한 단어로 요약하기도 하며, 여러 곳에 흩어진 내용을 하나로 묶기도 한다.

포항고등학교를 졸업하고 연세대 치의예과에 진학한 김정훈은 '마인드맵의 달인'이라고 불린다. 과학 공부를 열심히 한 것에 비해 성적이 기대만큼 나오지 않아서 고민하던 중 개념을 제대로 정리하기 위해 오답노트를 만들기 시작했고, 마인드맵노트 정리로 이어졌다. 그는 핵심개념이나 주제를 정확하게 파악하면서 중심개념을 잡고, 자유롭게 개념끼리 연관을 지으면서 오답노트에 마인드맵을 그린 후, 교과서의 내용과 마인드맵을 비교하면서 오개념을 바로잡는다.

부산 덕문여고를 졸업하고 서울대 사회과학부에 진학한 이경빈도 마인드맵을 통해 공부를 즐거운 놀이로 만들었다. 그녀는 교과서를 꼼꼼하게 읽고, 마인드맵을 그리기 위한 도구를 준비한 후 큰 단원 제목을 종이 한가운데에 쓴다. 중단원 제목을 가지치기하듯 줄을 그어가며 배치하고, 그 밑에 중요한 내용을 적어 넣는 식으로 마인드맵을 그린다. 이 과정에서 자연스레 학습 내용이 정리되기 때문에 복습하는 시간이 줄어들고 수업에 집중하는 습관도 기를 수 있다. 수업이 끝난 후에는 쉬는 시간을 활용해 복습노트를 보면서 배운 내용을 효과적으로 머릿속에 저장한다.

서울 휘문고를 졸업하고 서울대 인문학부에 진학한 김도균은 '오답노트의 달인'으로 불린다. 그는 국어 성적이 오르지 않아 고민이었다. 그러다 담임선생님의 권유로 자신만의 오답노트를 만들었다. 그는 오답노트를 통해 단어의 정확한 의미를 알고, 상황과 감정에 따라 단어를 적절하게 사용하며, 이를 재해석해서 자신의 생각을 논리적으로 표현할 줄 아는 능력이 생긴 덕분에 좋은 성과를 거둘 수 있었다.

공주 한일고를 졸업하고 원광대 의예과에 입학한 신요섭도 둘째가라면 서러워할 정도의 '오답노트' 실력을 갖췄다. 'Why'에는 문제를 왜 틀렸는지에 대한 내용을, 'How'에는 문제를 어떻게 풀 것인가에 대한 방법을 담은 것이 특징이다.

부산외고를 졸업하고 3수 끝에 서강대 경제학과에 진학한 강동우는 개념노트로 수능 국어 영역에서 만점을 받았다. 2번의 수능에서 실패를 맛본 그는 3수를 결심한 후 그동안의 모의고사 성적표를 다시 한 번 분석했고, 입시 실패의 결정적 원인이 들쭉날쭉한 국어 성적 때문이었음을 깨달았다. 그는 개념어 정리를 시작하여 자신만의 개념어사전을 만들고, 더 완벽한 공부를 위해 지난 10년간 수능과 전국모의학력고사에 출제된 문제를 모두 모아 1권으로 만든 후 문제를 꼼꼼하게 분석했다. 제한 시간 내에 문제 푸는 연습을 반복한 결과 국어 영역에서 만점을 받을 수 있었다.

대원고등학교를 졸업하고 서울대 화학생물공학부에 진학한 권순형도 개념노트의 달인이라 불릴 만하다. 그는 교과서의 목차를 2번 읽고, 속독과 정독으로 본문의 개념을 이해했으며, 실험 및 탐구활동을 분석하면서 교과서를 정복했다. 이런 과정을 통해 교과서의 개념 정리를 마친 후에 공부한 내용을 재구성해서 개념노트를 만들었다.

중마고등학교를 졸업하고 서울대 간호학과에 진학한 이진도 자신만의 개념노트로 성공한 케이스였다. 다름 아닌 친구들의 개념서를 빌려서 자신의 개념노트를 만드는 방식이었다.

장충고등학교를 졸업하고 서울대 공학계열에 합격한 김동환의 개념노트는 조금 특이한 면이 있다. 그는 수업이 끝난 후에 머릿속에 정리된 주요개념을 노트에 정리하면서 자신에게 가장 쉽고 이해하기 쉬운 설명을 교과서에서 찾아 담고 자신만의 개념노트를 만들었다.

대구 경화여고를 함께 졸업하고 숙명여대 일본학과에 진학한 이수민과 서강대 경제학부에 입학한 이경민은 '윈윈 공부법'의 대표적인 사례다. 중학교 때 전교 최하위권이었던 이수민과 전교 최상위권의 이경민이 함께 공부하면서 뜻밖의 시너지 효과를 낸 비결은 바로 '윈윈 질문노트'였다. 수민이는 기초 실력을 쌓기 위해 자신만의 '질문노트'를 만들어서 경민이에게 줬고, 경민이는 성실히 답을 적어서 돌려줬다. 이런 과정에서 둘 다 공부에 대한 새로운 재미를 느끼게 되었고, 상대방의 공부법을 공유하고 생각까지 서로 나누면서 윈윈의 놀라운 기적을 보여주었다.

다섯 번째는 '서울대 멘토들의 노트 정리법'이었다.

서울대 합격생 100인을 대상으로 '노트 정리'를 주제로 설문 조사를 했더니 97퍼센트의 학생들이 학창 시절에 노트 정리를 했다고 응답했고, 91퍼센트의 학생들이 학습에 효과가 있었다고 답했다.

노트 정리를 하는 목적은 '기록과 복습' '암기' '지식의 시각화 및 체계화' 등인데, 겉으로 드러난 '기록'보다 보이지 않는 두뇌의 '사고활동'이 더 중요하다. 노트 정리 과정은 사고 활동과 밀접한 관련이 있다. 노트 정리 전에는 '사고의 필터'를 통해 어떤 것을 정리할 것인지 선별하고, 노트 정리 중에는 '사고의 과정'을 통해 생각을 확장하며, 노트 정리 후에는 '기억의 보조 및 복습 수단'으로써 수정 보완을 통해 공부를 완성한다. 노트 정리의 궁극적인 목적은 머릿속에서 이루어지는 '이해와 암기'이기 때문에 '노트 정리 후'보다 '노트 정리 전과 중'이 더 중요한 것이다.

서울대 합격생 100인의 노트에서 밝혀낸 키워드는 '핵심' '체계' '설명' '집약' '메모'였다. '핵심'을 파악하며 정리하고, '체계'를 생각하며 정리하고, 논리적으로 '설명'하며 정리하고, 한눈에 들어오도록 '집약' 정리하며, 사고과정을 '메모'하여 정리한다.

여섯 번째는 '도쿄대 멘토들의 노트 정리법'이었다.

《도쿄대 합격생 노트 비법》의 저자는 도쿄대 합격을 위해서 엄청난 양의 지식과 정리 기술의 힘, 문제를 보고 반사적으로 움직이는 손의 스피드가 중요하다고 말한다.

우선 '왜 정리를 해야 하는가?'에 대한 질문을 생각해봐야 한다. 쓰기라는 행위에는 '기록' '정리' '전달'이라는 3가지 역할이 있는데, 도쿄대 노트는 이 3가지 역할에 충실하겠다는 목적을 위해 정리하며, 그 과정에서 자연히 효율적인 공부로 이어진다. 정리를 하는 중요한 이유는 즐겁기 때문이고, 뇌과학적으로 효과가 있기 때문이다.

도쿄대 합격생들의 노트에는 '7가지 법칙'이 숨어 있다. 제목을 맞추고, 복사물을 이용하며, 여백을 남기고, 목차와 색인을 활용하고, 단락을 구분하며, 자신만의 형식을 만들고, 정성껏 정리한다.

일곱 번째는 '토니 부잔의 마인드맵노트 정리법'이었다.

마인드맵의 효과는 시야 확장과 종합적 사고력 향상, 노트 정리의 어려움 해소, 효율적인 시간 관리, 기억력 향상, 자신감과 사고의 자율성 향상, 학습에 대한 열정 강화, 복잡한 상황에 대한 대처능력, 논리적인 주장 전개, 새로운 자원을 활용하는 기쁨, 자신의 지식을 제대로 활용하고 있다는 느낌 등 다양하다.

마인드맵은 읽기와 복습하기, 정리하기, 시험 계획 짜기 등에 가장 적합하고, 정보를 모으고 순서를 정해서 조직화하는 데 유용하므로, 정보를 효과적으로 관리하는 '최고의 학습법'이라고 할 수 있다.

마인드맵을 그릴 때의 유의사항으로는 가지와 가지 사이의 연결에 생동감을 주고, 가지와 단어를 구(句) 형태로 묶으며, 항상 가치 있는 정보를 담고 있다는 긍정적인 생각을 해야 한다는 점이다. 어떤 한 분야에 대해 공부하고 있다면 핵심 주장과 이론, 인물, 사건 등 모든 내용을 담고 있는 '마스터 마인드맵'을 만들면 좋다.

여덟 번째는 '공충정달 선생의 수첩 정리 노하우'였다. 대학생 때부터 스케줄러 용도로 휴대용 수첩을 쓰기 시작했고, 서른 즈음부터는 성공학의 원리에 따라 꿈과 목표, 신년 계획 등을 수첩에 적기 시작했으며, 2009년부터는 수첩 사이즈의 포켓용 프랭클린플래너를 쓰기 시작했다.

플래너는 갈수록 다양한 것으로 채워지고 있는데, 명언과 격언, 업무 관련 일정, 잡다한 메모, 회의와 미팅 내용, 독서토론 질의응답, 책에서 인상 깊었던 구절, 강의와 저술용 아이디어, 갑자기 떠오른 좋은 문구 등이다. 앞으로 남은 인생도 수첩과 함께할 수 있어서 행복하다.

⊙ 멘토들의 노트정리법

0. 오프닝
1) 고c에 노트정리의 의미
 ① 정리 : 시작하라. 구체화라
 ② 개념 : 필기(생각x), 정리(생각o)
 ③ 의의 : 생각, 요점, 해결. 문제해결
2) 자신만의 노트정리법 찾기
 ① 자료 검색
 ② 사진 중심
 ③ 동기부여 + 구체적인 방법

1. 천재돈
1) 개념이라도 다방면 : 과학(정서)의 원리(2원)동시사용
2) 아이작 뉴턴 : 질문을노트 · 문제를노트 · 끌기있는 노트
3) 다산 정약용 : 자녀들에게 보낸 편지 → 핵심이치에

2. 성장인돈
1) 에디슨 : 독서 메모, 매일 읽기
2) 김연경 : S사 필사, 메모습관
3) 반기문 : 노트, 테이킹, 두서 메모
4) 안철수 : 메모 기록법 · 설리콘백지식

3. 정리 달인 광선돈
 1) 공xx : 백만불짜리 노트정리법
 2) 백건x : 이미지 + 노트정리 → 그림으로 표현

3) 김현구 : 10가지 노트정리 노하우

4. '광부의 탄생' 정리 달인들
 1) 기하야진 : 문제의 과정 → 내용 구간화 → 노트완성 ⇒ 내신 노트
 2) 김장훈 : 중심개념 → 개념연결 → 단계연습 ⇒ 마인드맵
 3) 김도훈 : 지문+문제 → 지문분석 → 글귀찾기 ⇒ 단원노트
 4) 강동희 : 개념사과 → 수식변형 → 문제기출 ⇒ 추가반복
 5) 원xx : 이수연(정환), 이정인(단변) ⇒ 집문노트

5. 서포터 멘토돈
 1) 공부의 3단계 : 완화 · 모방 · 최적화
 2) 노트정리 목적 : 기록 < 사고활동, 정리축 < 정리확충
 3) 공통점 : 핵심과 체계. 설명, 집약, 메모

6. 도구의 멘토돈
 1) 노트정리 역할) 복사(단순) (기록,정리,저장), 창조적, 뇌체
 2) 기기의 범주 : 책들, 복사물, 여백, 문자, 단색, 휠색, 채색
 3) 다목적 노트 : 언어(예술종), 수학(수리·물리), 과학(관찰종)

7. 토니 부잔의 마인드맵
 1) 개념 : 자연스러운 기록 + 성장의 기록한다 (사고법) 친자형
 2) 효과 : 시간↑, 사고↑, 기억력↑, 자신감↑, 연상↑
 3) 방법 : 중심 → 주가지 → 부가지 → 세부가지
 4) 핵심 키워드 장착의 5가지 기준

8. 플로 차트의 노트 정리 다양한내용↓
 1) 30년 역사 : 흐름을 숙지 → 장단점기록 → 토의로 통과시↑

텍스트 중심의 노트 정리

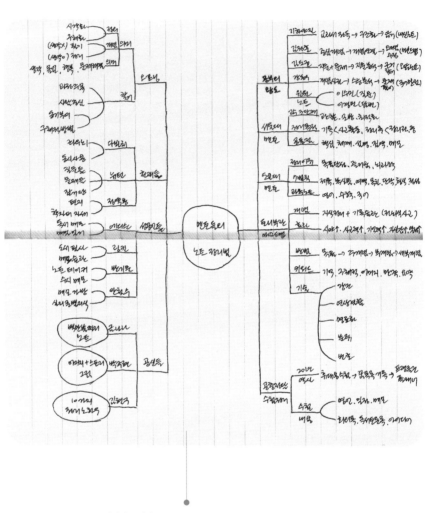

이미지 중심의 노트 정리

● 지금까지 다뤘던 내용의 확인 질문 ●

☑ 21세기 디지털 시대에 아날로그 노트 정리의 의미는 무엇인가?

☑ 자신만의 노트 정리법으로 노트 정리를 잘하려면 무엇이 필요한가?

☑ '인류 역사를 바꾼 천재들의 탁월한 노트 정리법' 중에서 누구의 어떤 방법이 가장 기억에 남는가?

☑ '뛰어난 성과를 거둔 성공인의 메모기술' 중에서 누구의 어떤 방법이 가장 기억에 남는가?

☑ '공신이라 불리는 노트 정리의 달인들' 중에서 누구의 어떤 방법이 가장 기억에 남는가?

☑ 'EBS 〈공부의 왕도〉에 출연한 노트 정리의 달인들' 중에서 누구의 어떤 방법이 가장 기억에 남는가

☑ '서울대 멘토들의 노트 정리법' 중에서 어떤 방법이 가장 기억에 남는가?

☑ '도쿄대 멘토들의 노트 정리법' 중에서 어떤 방법이 가장 기억에 남는가?

☑ '토니 부잔의 마인드맵노트 정리법' 중에서 어떤 방법이 가장 기억에 남는가?

☑ '공충정달 선생의 수첩 정리 노하우' 중에서 어떤 방법이 가장 기억에 남는가?

3

노트 정리,
이것만은
꼭 알자

노트는 쓴 사람과 읽는 사람의
정신감응 도구다

앞서 노트를 쓰는 이유는 '보이지 않는 학습 내용'을 '현재에 볼 수 있도록' 하기 위함이라고 했다. 그리고 노트 정리는 한마디로 '머릿속에 있는 생각과 지식을 눈으로 볼 수 있도록 구체화시키는 일'이라고 강조했다. 이게 도대체 무슨 말일까? 이해를 돕기 위해 스티븐 킹의《유혹하는 글쓰기》에 나오는 재미있는 내용을 소개한다.

킹은 글쓰기를 저자와 독자의 '정신감응'이라고 말한다. 저자가 아늑한 서재에서 글을 쓰면서 전송한 신호는 책에 담겨서 독자가 편안한 소파에서 글을 보면서 수신이 된다. 우리의 놀라운 정신력은 시간과 공간을 초월해서 이런 송수신을 가능하게 만든다.

보라. 여기 붉은 천을 덮은 테이블이 있다. 그 위에는 작은 수족관만 한 토끼장 하나가 있다. 토끼장 속에는 코도 분홍색이고 눈가도 분홍색인 하얀 토끼 1마리가 있다. 토끼는 앞발로 당근 한 토막을 쥐고 흐뭇한 표정으로 갉아 먹는 중이다. 토끼의 등에는 파란 잉크로 8이라는 숫자가 선명하게 찍혀 있다.

지금 우리는 모두 똑같은 장면을 보고 있다는 사실이 느껴지는 가? 물론 테이블 천이 다홍색으로 보일 수도 있고(색맹에게는 암회색), 테이블이 원형이나 사각형일 수도 있으며, 토끼가 암놈이거나 수놈일 수도 있다. 여기서 제일 흥미로운 것은 토끼장도, 당근을 먹고 있는 토끼도 아니다. 바로 토끼의 등에 찍힌 '8'이라는 숫자다. 킹은 우리에게 그것을 보라고 말하지도 않았고, 우리도 봐야 하는지 묻지 않았다. 킹과 우리 모두 입을 연 적도 없다. 게다가 우리는 같은 공간에 있는 것도 아니고, 같은 연도에 있는 것도 아니다. 그런데 이상하게도 우리는 서로 가까이에 함께 있다. 지금 우리는 '정신의 만남'을 가지는 중이다.

나는 여러분에게 붉은 천이 덮인 테이블 하나와 토끼장 하나와 토끼 한 마리와 파란 잉크로 찍힌 8이라는 숫자를 전송했다. 여러분은 그 모든 것, 특히 그 파란 숫자 8을 무사히 수신했다.

우리는 정신감응을 경험한 것이다. 무슨 전설 속의 산 따위가 아니라 진짜 정신감응이다.

모든 글은 쓴 사람과 읽는 사람의 '정신감응 도구'다. 말이나 그림, 수화 등 사람들이 의사소통을 위해 활용하는 모든 수단이 정신감응의 도구라고 할 수 있다. 노트에도 글이 담겨 있으니 훌륭한 정신감응의 도구가 되는 것이다. 노트를 쓰는 사람은 가르치는 사람이 말하거나 칠판에 쓰는 내용을 보고 들으면서 '정신감응'을 경험한다. 노트를 읽는 사람은 내용을 보면서 노트를 쓴 사람과 '정신감응'을 하는 것이다.

여기에서 노트 정리에 관한 기본적인 의문을 해결할 열쇠를 발견할 수 있다. 책을 읽는 것보다 노트 정리가 어려운 이유는 '정신감응'의 수준 문제다. 독서는 작가의 송신을 독자가 수신하는 일이므로 정신감응이 1번만 일어난다. 하지만 노트 정리는 처음 쓸 때는 수신자(가르치는 사람이 송신자)의 입장이 되고, 나중에 정리한 노트를 누군가 볼 때는 송신자(읽는 사람이 수신자)의 입장이 된다. 일반적으로는 자신이 정리한 노트를 자기가 보게 되므로 송수신자가 동일한 경우가 대부분이다.

결국 노트 정리의 핵심은 '정신감응'이 잘 일어날 수 있도록 쓸 수 있는 정리의 기술이다. 이런 본질적인 핵심만 알면 노트 정리에 관한 큰 고민은 그물망으로 걸러낼 수 있다.

수업 시간에 선생님이나 교수님이 가르치는 내용을 왜 노트에 정리하기가 어려울까? 학생이나 수강생의 수신능력이 떨어지기 때문이다.

자신이 수업 시간에 정리한 노트를 나중에 봤을 때 무슨 내용인지 잘 모르는 일은 왜 생길까? 정리한 사람의 송신능력이 떨어지기 때문이다.

다른 사람이 쓴 노트를 봤을 때 별로 도움이 안 되는 이유는 무엇일까? 송수신자가 같을 때보다 정신감응 정도가 낮기 때문이다.

노트를 쓴 사람과 읽는 사람의 정신감응 도구라고 했을 때 시중에 나와 있는 '노트' 관련 책은 모두 그저 참고해야 할 대상일 뿐이다. 다른 사람의 노트에 관심을 가지기보다는 정신감응에 필요한 자신의 수신력과 송신력을 어떻게 향상시킬 수 있을지에 대해 관심을 가져야 한다. 이것이 노트 정리를 잘할 수 있는 절대 비결 중에 하나다.

노트는 쓴 사람과 읽는 사람의 생각 패턴 일치의 도구다

책을 볼 때 어떤 것은 쉽게 잘 읽히는데 어떤 건 어려워서 잘 읽히지 않는 경우가 있다. 조앤 롤링의 〈해리 포터〉 시리즈가 새롭게 출간될 때는 전 세계의 팬들이 서점 앞에 밤새 줄을 서서 기다리지만 셰익스피어의 4대 비극과 5대 희극은 잠잘 때 베개로 쓰기도 한다. 왜 어떤 작가는 좋아하는데 어떤 작가는 싫어하는 것일까? 바로 '생각 패턴'의 차이 때문이다.

사람의 생각을 손으로 표현하면 글이 되고, 입으로 표현하면 말이 되며, 몸으로 표현하면 바디랭귀지가 된다. 표현방식만 다를 뿐 결국 우리는 생각 패턴을 읽는 것이다. 우리가 책을 읽는다는 것은 작가의 생각 패턴을 읽는 것이다. 쉽게 읽히는 책은 작가의 생각 패턴과 자신의 생각 패턴이 비슷한 경우고, 잘 읽히지 않는 책은 생각 패턴이 많이 다른 경우다. 자신이 정리한 노트는 쉽게 읽히지만 다른 사람이 쓴 노트는 잘 읽히지 않는 이유도 '생각 패턴'의 차이 때문이다. 어떻게 하면 '생각 패턴'을 좀 더 효과적으로 일치시킬 수 있을까?

유명한 베스트셀러 작가들은 수십만 명의 팬을 가지기도 한다. 그런데 그 작가들이 처음부터 엄청난 팬을 가졌던 것은 아니다. 어떤 작가의 첫 번째 책을 한 독자가 읽었다면 그 작가의 생각 패턴이 머릿속에 입력된다. 그다음 책을 읽을 때는 입력된 생각 패턴에 따라 처음보다 쉽게 책이 읽힌다. 그다음 책은 좀 더 쉽게 책을 읽을 수 있다. 이렇게 계속해서 한 작가의 책을 읽다 보면 그 작가의 생각 패턴과 자신의 생각 패턴이 거의 일치하게 되어서 신간이 나오기만을 기다리는 열혈 팬이 되는 것이다.

마찬가지로 노트 정리를 할 때도 비슷한 과정을 거치면 된다. 어떤 선생님의 강의를 들으면서 정리를 했다면 그 선생님의 생각 패턴이 머릿속에 입력된다. 두 번째 수업을 들으면서 정리를 할 때는 처음보다 쉽고, 세 번째 수업은 좀 더 쉬울 것이다. 이렇게 계속 선생님의 수업을 들으면서 정리하다 보면 선생님의 생각 패턴과 자신의 생각 패턴이 점점 일치되면서 수제자가 되는 것이다.

자신이 정리한 노트를 볼 때도 마찬가지다. 나의 생각 패턴이 반영된 결과물이지만 수업 후에 정리한 노트를 보면 자신의 생각 패턴이 머릿속에 입력된다. 두 번째 수업 후에 노트를 볼 때는 처음보다 쉽고, 세 번째 볼 때는 더 쉬워질 것이다. 이렇게 계속 정리한 노트를 보면 송신자로서의 생각 패턴과 수신자로서의 생각 패턴이 일치되면서 학습 내용을 이해하고 기억하는 데 큰 도움이 된다. 생각 패턴을 일치시키는 과정은 과학적으로도 근거가 있는 것이 최근에 증명이 되었다. 대니얼 코일의 《탤런트 코드》에 다음과 같은 내용이 나온다.

> 탤런트 코드의 3가지 구성 요소는 미엘린을 두껍게 만드는 '점화' '심층연습' '마스터 코칭'인데, 하나라도 모자라면 발전 과정은 느려진다. 3가지가 모두 결합되면, 고작 6분 동안이라 해도 모든 것이 달라지기 시작한다. 운동선수, 가수, 학자는 별로 공통점이 없어 보이지만, 그들의 실력은 타이밍과 속도, 정확성을 점차적으로 개선하고 신경 회로(미엘린myelin, 세포질로 된 절연 물질)를 연마하는 과정에서 탤런트 코드의 규칙에 순응하는 방식으로 향상된다. 스킬은 신경 회로를 감싸고 있는 '미엘린'이며, 특정한 신호에 반응할 때 두꺼워진다. 시간과 노력을 쏟아부어 제대로 된 연습을 많이 할수록, 스킬은 더욱더 향상된다. 이것이 바로 스킬의 원리다. 미엘린층에는 한 사람의 사연과 역사가 담겨 있다.

코일은 러시아 모스크바의 테니스코트, 브라질 상파울루의 축구장, 쿠바 카리브 해 섬의 야구장, 한국 서울의 골프연습장, 미국 텍사스 댈러스의 보컬스튜디오, 미국 뉴욕 애디론댁산맥의 음악아카데미 등에서 척박한 환경을 딛고 위대한 인재를 배출하고 있는 뜨거운 재능의 용광로를 발견했다. 이러한 일이 가능했던 이유는 미엘린을 두껍게 만드는 '점화' '심층연습' '마스터 코칭'이 조화를 이루었기 때문이다.

'점화'는 강력한 동기부여라고 할 수 있는데, 각 분야의 세계 최고 인재들이 큰 영향을 미쳤다. 러시아의 테니스 열풍은 샤라포바, 브라질의 축구 공화국은 펠레, 쿠바의 야구패닉은 앤드류 존스, 한국의 골프키즈는 박세리가 점화의 불꽃이 되었다. 베네수엘라의 클래식 음악가 집단은 음악 신동 구스타보 두다멜, 중국 소설가 집단은《기다림》의 작가 하진, 루마니아의 영화인 집단은〈4개월, 3주, 그리고 2일〉의 감독 크리스티안 문주가 구심점이 되었다.

앞서 소개한 '닮고 싶은 멘토들의 노트 정리법' 중에서 가장 마음에 드는 것을 하나 골라보자. 그리고 천천히 음미해보자. 만약 '저 사람이 할 수 있는데 나라고 왜 못 하겠어?'라는 생각이 들었다면 점화의 불꽃이 튄 순간을 경험한 것이다. 그리고 그 불꽃은 노트 정리의 달인이 되기 위해 필요한 열정과 의욕, 헌신의 에너지가 되어 심층연습으로 이끈다.

심층연습을 위해서는 3가지 규칙이 필요하다.

첫째, 　　과제를 거대한 덩어리로 인식하기.

둘째, 　　완벽한 연습을 반복하기.

셋째, 　　시행착오를 당연하게 받아들이기.

이 3가지 규칙을 노트 정리에 적용하면 다음과 같다. 우선 노트 정리를 거대한 덩어리로 인식한 후에 그 덩어리를 가능한 가장 작은 덩어리로 잘게 나누고, 1번에 1걸음씩 차근차근 속도를 높인다. 반복을 할 때는 한꺼번에 많은 시간을 들여 100번 이상을 하는 것이 아니라 세계 최고 수준의 전문가처럼 하루에 3~5시간 정도 꾸준히 연습한다. 연습을 하다 보면 수많은 실패와 시행착오를 겪게 되는데, 어린 아기가 걸음마를 배울 때처럼 아무렇지도 않은 듯이 다시 일어서서 걸어야 한다.

심층연습의 효과를 높이려면 훌륭한 코치에게 마스터 코칭을 받는 것이 좋다. 마스터 코치는 농부처럼 신중하게 심사숙고하면서 재능을 경작하는 사람들이다. 그들은 현실적이고 절제할 줄 알며, 광대하고 심오한 지식 체계를 스킬 회로 증식에 사용할 줄 안다. 대표적인 마스터 코칭방법은 UCLA 농구팀의 존 우든 코치가 즐겨 쓰는 'M+, M-, M+'(우든 기법)다.

먼저 어떤 행동을 제대로 하는 법을 시범적으로 보여주고, 잘 못하는 법을 보여준 다음, 다시 제대로 하는 법을 보여준다. 나의 시범은 3초를 넘는 경우가 거의 없다. 하지만 언제나 굉장히 명확 하기 때문에 교과서의 그림처럼 선수들의 기억 속에 각인된다.

우든 기법을 노트 정리에 적용한다면 나중에 소개할 구체적인 노트 정리법을 살펴보면서 제대로 정리하는 법을 확인하고, 잘 못 하는 법에 대한 피드백을 참고한 다음, 다시 제대로 정리하는 법을 꼼꼼히 살펴보는 것이다. 이런 과정을 거치며 교과서의 그림을 보 는 것처럼 자신의 기억 속에 각인시켜야 한다.

노트 정리 외에도 생각 패턴을 일치시키는 방법이 여러 가지 있 다. 가장 낮은 단계는 독서고, 그다음은 강의 듣기, 필사(베껴 쓰기), 독서토론, 비판적 글쓰기(작가의 생각에 대해 자신의 생각을 밝히는 글쓰 기) 등이다. 특히 필사와 비판적 글쓰기를 노트 정리와 함께 3종 세 트로 활용한다면 선생님의 생각 패턴과 자신의 생각 패턴을 일치 시키는 가장 효과적인 방법이 될 것이다.

노트 정리의 흔적,
펜혹의 추억

얼마 전에 '좋은 시를 쓰는 방법'을 찾다가 정일근 시인의 〈시인을 만드는 9개의 비망록〉이란 글을 보게 되었다. 자신의 시가 어떻게 탄생이 되었는지 그 비하인드스토리를 들려주면서 훌륭한 시를 쓰려면 '슬픔과 사랑, 펜혹, 분노, 부끄러움, 바람, 길, 유행가, 시' 등이 중요하다고 강조했다.

그런데 〈펜혹이 시인을 만든다〉라는 글에서 갑자기 눈길이 멈췄다. '펜혹? 혹이 달린 펜도 있나?' '시가 잘 써지는 기능성 펜인가?' 등의 생각이 이어지면서 시인들끼리만 공유하는 비밀 정보가 아닐까라는 생각까지 들었다. 하지만 몇 줄 더 읽어나가자 '펜혹'이 무엇인지 금방 알게 되었다.

펜혹이란 연필이나 볼펜으로 글을 쓰는 사람의 가운뎃손가락 손톱 위 첫 마디 안쪽 부분에 불룩 솟아 있는 굳은살을 뜻한다. 글을 오래 쓰다 보면 펜을 받치는 손가락 부분에 혹 같은 굳은살이 박히게 마련이다. 펜혹은 '글쓰기의 상처'라고 불리며, 시인이나 소설가를 만들어주는 통과의례로 여겨진다. 그래서 작가들은 펜혹이 없는 사람의 손을 신뢰하지 않는다. 왜냐하면 펜혹의 두께가 문학과 정신의 두께를 상징적으로 보여주기 때문이다.

정일근 시인은 대학 시절 자신의 손에 생기는 굳은살의 이름을 몰랐다고 한다. 단지 보기 싫고 불편한 존재일 뿐이었다. 그런데 어느 날 스승을 뵈러 갔다가 놀라운 장면을 목격하게 되었다. 스승이 손톱을 자르듯이 연필 깎는 칼로 펜혹을 깎아내고 있었던 것이다. 온통 책으로 둘러싸인 방에는 작은 탁자 하나가 있고, 그 위에 200자 원고지가 펼쳐져 있었다. 한여름 무더위를 이기고 〈한국문학사〉를 집필하던 스승은 펜혹을 베어내며 이렇게 말했다고 한다.

"평생 펜으로 글을 쓰다 보니 장지에 펜혹이 생겼어. 자주 깎아내지 않으면 글을 쓸 수가 없어."

정일근 시인은 그때 '펜혹'의 의미와 가치를 깨닫게 되었다고 한다. 1편의 논문과 1권의 책이 완성되기까지 스승이 얼마나 많은 살을 깎아냈을지를 생각하면서 두려움과 부끄러움이 동시에 느껴졌다고 한다. 자신의 살을 깎아내는 고통에 대해서는 '두려움'이,

그런 고통 없이 글을 쓰는 자신에 대해서는 '부끄러움'이란 감정이 든 것이다. 그날 이후 펜혹은 그에게 습작시대의 화두가 되었고, 펜혹이 생기도록 시를 썼으며, 펜혹이 생기면 깎아내며 시를 또 썼다고 한다.

　가만히 생각해보니 내게도 펜혹의 추억이 있다. 중학교 때 반에서 10등 정도를 했는데, 고등학교에 진학해서도 1년 동안은 중상위권 성적을 유지했다. 그러다가 무슨 생각이 들었는지 고1 겨울방학 때 갑자기 공부에 매진하기 시작했다. 2개월 동안 자는 시간과 먹는 시간만 빼고 밤 12시까지 하루 10시간 이상 공부에 집중했다.

　겨울방학이 끝나고 모의고사를 봤는데 전교 100등 정도였던 실력이 갑자기 전교 1등으로 수직 상승했다. 물론 비평준화 지역이고, 지방의 2차 고등학교라 학생들의 실력이 그다지 뛰어나지 않아서 그런 성과가 나왔을 것이다. 하지만 나에게는 '하면 된다'는 큰 깨달음을 준 일대 사건이었다.

　당시 내 오른손 중지에는 열심히 영어 단어를 외우고 수학 문제를 푸느라 생긴 '펜혹'이 영광의 상처처럼 자리 잡고 있었다. 가끔은 빨갛게 부어올라서 통증이 느껴지기도 했다. 하지만 한 번도 굳은살을 칼로 깎아내 본 적은 없는 것 같다. 지금은 컴퓨터와 스마트폰에 익숙해져서 펜을 잡을 일이 적어지다 보니 펜혹도 흔적만

남아 있다. 보들보들해진 살결을 만지자 갑자기 거칠고 딱딱한 펜혹이 그리워진다.

펜혹에 대해 생각하다 보니 손가락에 굳은살이 생기는 정도가 아니라 아예 손가락이 휘어져 장애가 생길 정도로 열심히 공부했던 사람이 떠올랐다. 《티치미 공부법》의 저자 한석원이다. 그는 고 3 때 전교 300등이던 성적을 1년도 안 되는 짧은 시간에 수식 상승시키고 서울대에 합격하면서 불가능을 가능으로 만들었다.

그는 고 3이 되고 나서야 정신을 차리고 다른 수험생처럼 진학에 대한 고민을 했다. 왜냐하면 모범생도 아니었고 제대로 공부해 본 적도 없었기 때문이다. 얼마 동안의 고민 끝에 결단을 내리고 완전히 다른 사람으로 거듭나기로 결심했다. 하루에 18시간 이상을 공부에만 매진하기로 작정한 것이다.

그는 매일 밤 잠들기 전에 그날 공부한 내용을 떠올리며 반성을 했다. '오늘 나는 나의 청춘을 제대로 살았는가?' '내 인생의 소중한 시간 중에 무의미하게 쓰레기처럼 버린 시간은 얼마나 되는가?' '모든 시간의 주인이 정녕 나였는가?' 등의 질문을 단 하루도 빠짐없이 자신에게 던졌다. 매일 냉정하게 반성을 해도 버려진 시간은 항상 1시간 이내였다고 한다. '전 세계의 수험생 중에서 내가 가장 열심히 공부했다. 더 하는 인간이 있다면 그건 인간이 아닐

것이다!'라는 말도 안 될 것 같은 자부심이 있었다고 한다.

그는 공부할 때 그 과목의 좋은 책을 1권 골라서 단 1줄도 남아 있지 않을 때까지 복습하고 또 복습했다. 그리고 다른 책을 1권 사서 처음 봤던 책을 옆에 놓고, 메모해두었던 요점을 읽어보면서 모르는 부분이 없을 때까지 독파했다. 세 번째 책을 사서 맨 처음 봤던 책의 메모를 보면서 공부하고, 네 번째 책을 사서 같은 방법으로 공부하는 식으로 여덟 번째 책까지 사서 모르는 부분이 없을 때까지 반복했다. 첫 번째 책을 보는 데에는 몇 개월이 걸렸지만 네 번째부터는 몇 주가 걸렸고, 일곱 번째부터는 며칠이면 충분했다.

그는 이런 방법으로 공부하느라 손가락의 근육이 망가져서 장애가 생겼다. 그래서 연필을 제대로 잡지 못하고 손가락을 이상하게 꼬아가며 연필을 잡아야 한다. 보는 사람에게는 불편한 일이지만 그에게는 인생의 치열했던 시기를 떠올리게 하는 자랑스러운 훈장이다.

이 글을 읽으면서 온몸에 전율이 돋았다. '과연 나는 얼마나 노력하고 있는가? 몸에 이상이 생길 정도로 처절하게 공부에 빠져봤는가?' 참으로 부끄럽고 많은 반성을 하게 된다.

그는 이만큼 치열하게 공부하면 뇌의 구조가 바뀐다고 말한다. 아무리 머리가 나쁜 사람일지라도 이만큼 노력한 사람이라면 생각의 질서가 바뀌는 것이다. 생각의 질서가 바뀌면 생각의 폭과 깊이도 바뀌고, 문제를 읽고 파악하고 해결하는 능력과 속도도 바뀐다. 당연히 성적도 바뀐다. 점수 몇 점, 등수 몇 등이 바뀌는 것이 아니라 누구도 상상할 수 없을 만큼 바뀐다. 전교 500명 중에서 300등이었던 사람이 1년 만에 전국의 수험생들이 부러워할 만큼의 점수를 받고 원하는 대학에 들어갈 수 있을 정도로 말이다.

《공병호의 공부법》의 저자 공병호 박사는 '넷향기'라는 인터넷 강의를 통해 눈에 보이는 성과의 중요성에 대해 '학습을 그저 배우고 익히는 행복이라고 생각하면 안 됩니다. 학습의 결과가 정신적 행복이나 물질적 이득으로 연결되어야 더욱 노력하게 됩니다. 앞으로는 평생학습의 시대입니다. 자기 스스로 학습체계와 습관을 잘 만들어야 합니다'라고 말한다.

노트 정리를 하면서 손에 펜혹을 만들겠다는 목표를 세우면 어떨까? 다른 사람이 보기에는 흉하고 불편한 것에 불과하지만 내게는 그 무엇과도 바꿀 수 없는 소중한 친구라는 생각이 들면서 더욱 열심히 노력하게 되지 않을까? 나중에 시간이 지나 노트는 사라지고 없을지라도 펜혹의 흔적은 영원히 손가락에 남아 어느 한 시절에 치열하게 공부했던 자신을 추억할 수 있도록 도와주지 않을까?

노트 정리는 두뇌를 개발하는
최고의 방법이다

한국인의 IQ가 세계 최고라는 말을 들어봤을 것이다. 그 이유를 설명하면서 예를 드는 것 중에 대표적인 것이 '호문쿨루스(Homunculus)'다. 호문쿨루스는 대뇌피질의 감각 영역과 운동 영역에서 신체 각 부위의 기능을 담당하는 범위가 어느 정도의 비율을 차지하고 있는지를 나타낸 것으로, 캐나다의 신경외과 의사 와일드 펜필드가 인간의 뇌와 신체 각 부위 간의 연관성을 밝히기 위해 만든 지도다. 지도에 따르면 우리 뇌는 1순위 손, 2순위 입, 3순위 발의 영향을 크게 받는다.

그림으로 그리면 손은 포클레인 삽처럼 생겨서 땅에 닿을 듯하고, 입은 하마 입처럼 앞으로 돌출되어 있어서 마치 외계인처럼 생겼으며, 발도 몸에 비해서 크다. 유대인들이 노벨상 수상자를 가장 많이 배출하는 이유는 입을 사용해서 토론하는 그들의 문화 때문이고, 한국인들의 IQ가 세계에서 가장 높은 이유는 손을 사용하는 젓가락 문화 때문이다. 일본인과 중국인도 젓가락을 사용하지만 그들은 나무젓가락을 사용하고, 한국인은 쇠젓가락을 사용해서 IQ의 차이가 난다.

발을 제2의 심장이라고 하고 손을 제2의 뇌라고 한다. 우리나라 사람들이 국제기능올림픽에서 우승컵을 휩쓸고, 반도체와 자동차 등 정밀조립 산업에서 뛰어난 성과를 내는 이유도 탁월한 손재주 덕분이다.

작가와 철학자, 과학자 등 다양한 분야에서 천재적인 업적을 남긴 괴테는 '손은 외부로 나온 뇌'라고 말했다. 손은 두뇌의 사고 회로와 직접 연결되어 있어서 손을 많이 움직이면 두뇌 개발에 도움이 된다. 아기 때 엄마 아빠를 따라 했던 '곤지곤지 잼잼'과 어릴 때 많이 했던 딱지치기, 구슬치기, 실뜨기, 종이접기 같은 놀이들이 훌륭한 지능 개발방법이었다. 또 피아노와 바이올린,

기타 등 악기 연주도 두뇌자극에 도움이 된다. 컴퓨터 분당 타자 속도를 높이기 위해 애용했던 한컴 타자연습 프로그램도 양손의 10개 손가락을 모두 활용하는 훌륭한 두뇌개발방법이었다.

교육학자들은 IQ 향상을 위한 효과적인 두뇌운동으로 '하루 30 분씩 쇠젓가락으로 콩 집어 옮기기'를 추천한다. 포크를 사용하는 외국인들의 눈에 가장 놀랍게 보이는 장면이 바로 유치원 꼬마들이 젓가락으로 콩을 집는 모습이라고 한다. 둥근 공과 둥근 배트가 정확히 마주쳐야 홈런이 되는 것처럼, 둥근 콩과 둥근 젓가락이 정확히 맞닿아야 콩을 옮길 수 있다. 외국인들의 눈에는 마치 마술을 부리는 것처럼 느껴질 것이다.

그런데 단순히 손가락만을 이용하는 것이나 기계를 사용하는 디지털방식보다는 생각을 하면서 아날로그방식으로 손가락을 활용하는 것이 두뇌 개발에 더욱 효과적이다. 이런 관점에서 본다면 노트 정리가 두뇌를 개발하는 최고의 방법이라는 것을 알 수 있다. 어떤 생각이 떠올라서 노트에 손으로 적는 순간, 머리의 생각은 제2의 뇌에 의해 확장이 된다. 그 생각을 다시 노트에 옮기면서 꼬리에 꼬리를 물듯이 생각이 이어지는 것이다.

쇠젓가락 옮기기나 종이접기, 실뜨기, 악기 연주, 타자연습 등이 생각을 별로 하지 않고도 할 수 있는 수작업이라면, 노트 정리는 고도의 사고 작용을 바탕으로 이루어지는 수작업이므로 두뇌 개발에 좀 더 효과적이라고 할 수 있다. 앞으로 노트 정리를 할 때 두뇌 개발을 위한 훈련 시간으로 생각하면 어떨까? 노트 정리를 한 후에 책을 보거나 수업을 들으면 뇌가 활성화되어 좀 더 잘 이해되고 기억되지 않을까?

보너스로 두뇌 개발과 건강 증진에 도움이 되는 방법을 알려주고자 한다. 호문쿨루스에 따르면 우리 뇌가 손과 입, 발의 영향을 크게 받는다고 했다. 그러니 박수를 많이 치고, 큰 소리를 내서 많이 웃고, 많이 걸으면 뇌가 좋아진다. 그렇다면 이 3가지를 한꺼번에 모아서 하면 어떨까? 발을 구르면서 박장대소를 하면 금상첨화 아닐까?

노트 정리의 핵심 키워드는 '구분'이다

훌륭한 어부에게는 좋은 그물이 있다. 바다에 나가서 물고기를 많이 잡기 위해서는 오랜 시간 동안의 땀과 노력으로 그물부터 제대로 짜야 한다. 그리고 그물이 얼마나 촘촘하게 잘 짜였느냐에 따라 어획량이 달라진다. 또한 그물에 구멍이 나면 제때 손질을 해야만 물고기를 놓치지 않을 수 있다. 노트 정리를 하는 학습자와 훌륭한 어부에게는 공통점이 많다. 어떻게 하면 그물을 잘 만들어서 만선의 기쁨을 누릴 수 있을까?

공부(工夫)의 사전적 의미는 '학문이나 기술을 배우고 익히는 것'이다. 좀 더 쉽게 공부를 정의하면 '공부하는 내용을 구분하고 반복해서 이해하고 암기하는 것'이라고 할 수 있다. 어떤 내용을 공부하든 공부는 구분과 반복의 연속이며, 이해와 암기로 완성된다. 그래서 '구분과 반복' '이해와 암기'를 공부의 핵심 키워드라고 하는 것이다.

여기에서 중요한 내용은 뭘 어떻게 '구분'할 것인가의 문제다. 구분을 제대로 하려면 구체적인 방법을 알아야만 한다. 가장 기본적인 구분의 핵심은 '시험에 나올 만큼 중요한 내용'과 '중요하지 않은 내용'을 구분하는 것이다.

그렇다면 시험에 나올 만큼 중요한 내용이란 어떤 것일까?

첫째, 학습주제, 목표와 관련된 내용이다.

둘째, 수업 시간에 선생님이 강조하는 내용이다.

셋째, 한 번 시험에 나왔던 기출문제 관련 내용이다.

넷째, 기본서에 중요한 내용으로 표시(진한 글씨, 색 글씨, 밑줄 등)된 부분이다.

다섯째, 각자 개인적으로 이해와 암기가 되지 않는 어려운 내용이다.

첫째부터 넷째까지를 모든 사람에게 공통적으로 적용되는 사항이라고 해서 '객관적 기준'이라고 하고, 다섯째를 개별적으로 적용되는 사항이라고 해서 '주관적 기준'이라고 한다. 책을 볼 때나 강의를 들을 때는 이 5가지 기준을 바탕으로 구분해야 한다.

'구분'의 효과를 높이기 위해 사용하는 일반적인 방법이 바로 펜으로 밑줄을 긋는 것이다. 우리가 책에 밑줄을 긋는 이유는 구분하기 위해서다. 그리고 중요한 사항을 한눈에 파악해서 복습의 효과를 높이려고 표시를 해두기 위해서다. 또한 밑줄을 긋는다는 행동이 에피소드(경험) 기억을 강화시키기 때문이다. 이런 기본적인 학습의 원리도 모르고 무작정 다른 사람 따라서 밑줄을 긋거나 귀찮다는 이유로 밑줄을 긋지 않는다면 좋은 성과를 기대하기 힘들 것이다.

학습법이란 어렵고 특별한 것이 아니다. 밑줄을 긋는 것과 같은 당연한 사실에 대해 제대로 아는 것이 학습법의 시작이다.

노트 정리를 할 때도 '구분'이 핵심 키워드다. 우리가 노트 정리를 하는 이유는 학습 내용을 조직화·체계화시키기 위해서다. 노트 정리를 잘했다는 것은 조직화·체계화가 잘되었다는 말이고, 결국 이 말은 '구분'을 잘했다는 의미다.

'구분'을 할 때는 내가 기록해야 할 것과 하지 않아도 될 것, 이해한 것과 이해하지 못한 것, 요약할 것과 요약하지 않아도 될 것, 암기한 것과 암기하지 못한 것, 정리해야 할 것과 정리하지 않아도 될 것 등을 고려해서 노트에 적으면 된다. 구분을 좀 더 효과적으로 하려면 아예 노트의 공간을 나누어서 구분하는 연습을 하는 것이 좋다.

노트 정리를 할 때는 '기록'도 중요하다. '기록'을 할 때는 자신의 언어로 해야 한다. 또 가능한 많은 의미 있는 사실과 내용을 기록해야 한다. 이때 평소에 자신이 많이 쓰는 말로 바꾸는 것이 좋다. 예를 들어 선생님이 어떤 내용을 '외향적'이라는 단어로 표현했는데, 자신이 평소에 '능동적' '적극적'이라는 단어를 많이 쓴다면 그 단어로 바꿔서 기록을 해야 나중에 이해하기가 쉽다.

노트 정리를 했다면 가능한 빨리 그 핵심 내용을 '요약'해두는 것이 좋다. '요약'은 의미와 관계를 명백하게 하고, 연속성을 보강하며, 기억을 강화하고, 수업 내용을 체계적으로 정리하는 효과가 있다.

노트는 학습 내용의 효과적인 정리를 위한 필수 도구다. 우리가 배운 지식과 정보를 제대로 활용하려면 체계적으로 정리하는 것이 반드시 필요하다. 즉 수업 시간에 입력되는 내용을 공간적 개념으로 바꾸어 받아들이는 요령이 필요한데, 그 대표적인 방법이 노트를 정리하는 것이다. 노트 정리를 하면 짧은 시간에 많은 양의 내용을 정리할 수도 있고, 학습 내용 전체를 조감할 수 있어서 오래 기억되는 장점도 있다.

노트 정리의 기본, '완전학습노트'와 '마인드맵노트'

앞서 노트 정리의 핵심이 '구분'이라고 했다. 그렇다면 어떻게 구분을 통해 학습 내용을 잘 정리할 수 있을까? 바로 노트의 공간을 나누어서 쓰면 된다. 이런 생각을 바탕으로 개발된 것이 '완전학습노트(완전학습 이론에 따라 노트 정리만으로 완벽한 이해와 암기에 성공할 수 있다는 취지)'다.

완전학습이란 전 과목에서 만점을 받을 정도의 학습을 의미하며, 완벽한 이해와 완벽한 암기로 구성이 된다. 완벽이해는 주로 복습할 때 활용하고, 완벽암기는 주로 시험 볼 때 활용한다. 복습을 할 때 완벽이해가 되려면 배운 것을 모두 봐야 하는 것이 아니라, 배운 것 중에서 이해한 것과 이해하지 못한 것을 구분해서 이해하지 못한 것 중심으로 반복해야 한다.

시험을 볼 때 완벽암기가 되려면 암기한 것과 암기하지 못한 것을 구분해서 암기하지 못한 것 중심으로 반복해야 한다. 공부할 때는 완전학습을 목표로 해야 한다. 그래야 상대경쟁이 아니라 절대경쟁 마인드를 가지고 상대를 의식하지 않으면서 자신만의 목표에 집중할 수 있다.

'완전학습노트' 정리법은 다음과 같다. 우선 1단계는 노트의 5분의 4정도 오른쪽에 세로로 선을 하나 그어서 노트를 2등분하고, 왼쪽 넓은 면에는 수업 내용을 적고, 오른쪽 좁은 면에는 아이디어(이해

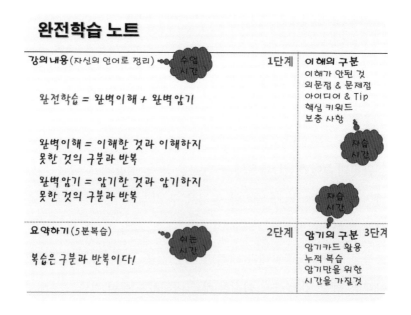

가 안 된 것, 의문점, 문제점, 팁, 보충사항)를 메모한다. 1단계가 익숙하면 2단계로 넘어가는데, 노트의 5분의 4정도 아래쪽에 가로로 선을 하나 더 그어서 노트를 3등분하고, 왼쪽 상단에는 수업 내용, 오른쪽 상단에는 아이디어, 아래쪽에는 수업 시간에 배운 내용을 요약한다.

2단계도 익숙해지면 3단계로 넘어가는데, 노트에 가로세로로 선을 하나씩 그어서 4등분한 다음에 왼쪽 상단에는 수업 내용, 오른쪽 상단에는 아이디어, 왼쪽 하단에는 요약, 오른쪽 하단에는 암기할 핵심 내용을 적는다. 보통은 이 정도까지만 해도 충분하지만 좀 더 높은 수준을 원한다면 왼쪽에 세로로 선을 하나 더 그어서 노트를 6등분한 다음, 왼쪽 상단에는 예습한 내용, 왼쪽 하단에는 전체를 아우르는 질문을 하나 적으면 된다.

이렇게 노트의 공간을 나누어서 정리를 하면 구분을 통해 조직화와 체계화를 잘 시킬 수 있고 자연스럽게 정리를 잘하게 된다. 그다음부터는 계속 이런 식으로 공간을 나누어서 써도 되고 그냥 보통 노트에 정리를 하더라도 괜찮다. 왜냐하면 정리의 기술이 좋아져서 어떤 노트를 활용하더라도 잘할 수 있기 때문이다.

완전학습노트 정리법은 좌뇌를 활용해 텍스트 중심으로 정리를 하는 방식이다. 그런데 좌뇌보다는 우뇌가 더 성능이 뛰어나므로 정리도 우뇌가 좋아하는 이미지 형태로 정리하는 것이 효과적이다. 이런 이유로 전 세계 사람들이 많이 활용하는 방식이 바로 마인드맵노트 정리법이다. 그러나 마인드맵을 대부분 알고 있지만 실제로 활용하는지 물어보면 손드는 학생이 거의 없다. 그 이유는 마인드맵을 그리는 과정에서 어려움을 느끼기 때문이다.

마인드맵을 그리려면 우선 종이를 가로로 놓고, 가운데에 핵심 키워드나 주제를 그리며, 주제를 중심으로 가지를 뻗어서 부제를 그리고, 부제에서 다시 가지를 뻗어서 세부 내용을 그리면서 방사형으로 학습 내용을 그려나가면 된다. 전체적으로 색깔을 사용하고, 구부리고 흐름이 있게 가지를 만드는 것이 좋으며, 그림과 이미지를 많이 사용하면 좋다. 여기서 중요한 점은 핵심이나 주제를 파악하기 어렵다는 것이다. 그래서 학생들이 백지를 주면 부담스러워하고, 핵심 키워드와 부제로 힌트를 주면 그나마 잘 그리는 것이다.

결국 핵심과 주제, 부제, 세부 내용 등 학습 내용이 잘 정리되어 있어야 마인드맵도 잘 그릴 수 있는 것이다. 완전학습노트 정리법으로 학습 내용을 텍스트 형태로 잘 정리한 다음, 필요에 따라서 마인드맵을 활용하면 효과적으로 노트 정리를 할 수 있게 될 것이다.

마인드맵은 학습량을 줄여주고, 시간 절약에도 도움 되며, 사고력과 창의력을 향상시키는 데에도 효과적이다. 아울러 이해력, 기억력, 집중력, 조직력, 연상능력의 향상도 기대할 수 있으므로 적극적으로 활용하기를 바란다.

환상적인
노트 정리를 위한 기술

노트 정리는 수업 내용의 전부나 일부를 노트에 기록하는 것이다. 그리고 혼자 교과서나 참고서를 읽으면서 중요하다고 생각하는 내용을 선택해서 체계적으로 기록하는 것도 포함된다. 노트 정리 수준은 천차만별이라서 노트에 필요한 체계를 스스로 개발하는 사람도 있고, 노트가 제대로 준비되지 않아서 연습장이나 책의 여백에 정리하는 사람도 있다. 노트 정리를 중요하게 생각하지 않는 사람도 있고, 노트 정리를 잘하고 싶어서 좀 더 나은 방법을 찾고 있는 사람도 있다.

그렇다면 노트 정리는 왜 중요할까?

첫째, 잘 정리된 노트는 참고서나 문제집과는 비교할 수 없는 좋은 자료다. 둘째, 수업 시간에 선생님이 강조한 내용은 시험에 출제되는 빈도가 높다. 셋째, 자신이 중요하다고 생각하는 것, 잘 몰랐던 것, 도움 되는 정보 등을 잘 적어놓은 노트는 자기만의 훌륭한 참고서가 된다.

노트 정리를 하지 않으면 새로운 지식과 정보와 아이디어를 수동적으로 분리시켜서 고립된 상태로 받아들이게 되지만, 노트 정리를 하면 능동적으로 새로운 지식과 정보와 생각과 아이디어를 습득해서 기존의 지식과 정보에 결합되므로, 결과적으로는 이를 더욱 활성화시키게 된다.

노트 정리를 하면 다양한 효과도 기대된다. 우선 기억력, 이해력, 사고력, 창의력을 향상시키고 수업에 집중하는 데에도 도움 된다. 노트 정리를 한 후에 적절한 복습이 이루어지면 정보의 변환과 재구성, 재결합이 촉진되면서 자신이 원하는 목적과 요구에 적합한 새로운 가치를 창출할 수도 있다.

노트 정리의 효과를 높이는 몇 가지 규칙을 알아두면 좋다. 노트의 왼쪽 페이지는 '요점정리와 다이어그램, 추가정보, 응용문제나 창조적 질문, 약어사전' 등으로 구성되고, 오른쪽 페이지는 '수업내용, 빈 칸, 별표(*) 한 내용' 등으로 구성된다.

요점정리를 할 때는 번호를 매겨서 체계적으로 분석한 후에 핵심 포인트를 요약하면서 조직화한다. 다이어그램을 그릴 때는 내용을 시각화시킬 수 있는 그림이나 도표, 연표, 사진 등을 활용한다. 추가 정보를 적을 때는 수업 중에 혼란스러웠던 부분이나 보충하기 위해 나중에 찾은 정보에 집중한다. 수업 시간에 다른 내용의 응용 문제나 수업 시간에 다루지 않은 창조적 질문도 포함시킨다. 빠르고 정확한 정리를 위해 자신만의 약어사전을 만드는 것이 좋다.

　수업 내용은 선생님이 설명한 내용이나 칠판에 쓴 내용, 시청각 기자재를 이용해 화면에 비춘 내용이 모두 포함된다. 나중에라도 수업 시간에 놓친 부분을 채워 넣을 빈칸을 만들어두는 것이 좋다. 이해하기 어려워서 보충자료가 필요한 부분에는 별표를 해둔다.

　약어사전을 만드는 방법은 다음과 같다. 먼저 모든 수업노트를 훑어보고, 약어를 만들 수 있는 반복되는 단어를 찾는다. 노트에 이러한 단어의 '사전'을 만들고, 자주 접하게 되는 다른 단어가 있을 때마다 그 단어를 목록에 추가한다. 수업을 들으러 갈 때 약어 목록을 함께 가지고 간다.

　약어를 만들기 위해서 반복되는 단어를 찾다 보면 어떤 한 영역의 키워드를 알게 된다. 키워드에 주의를 기울이게 되면 힘들이지 않고 그 영역에서 중요한 아이디어를 알 수 있다. 약어사전을 활용하면 노트를 볼 때 시선이 자연스럽게 약어로 된 용어에 가게 되므로 개념 학습을 강화하는 효과도 있다.

노트 정리를 할 때 알아두어야 할 몇 가지 유의점도 있다.

첫째, 완전한 문장으로 적지 말고 단어나 구(형용사+명사) 형태로 적는다.

둘째, 정리한 내용 중에서 이미 알고 있는 내용과 관련되는 것이 있으면 그 것을 간단하게 적는다.

셋째, 글씨를 정확하게 또박또박 적는다. 너무 잘 쓸 필요는 없지만 자신이 알아볼 수 있어야 한다.

넷째, 가능한 선생님의 설명 내용을 그대로 적지 말고 자신이 이해한 내용 으로 적는다.

다섯째, 노트 정리한 날짜와 요일을 적고, 수업 시간에 나누어 준 유인물에도 날짜와 요일을 적는다.

여섯째, 노트 정리를 할 때는 항상 선생님의 입장에서 이 내용을 학생들에게 설명하기 위해 잘 정리해야 한다는 마음가짐을 가진다.

일곱째, 수업이 끝난 다음 곧바로 노트를 점검한다.

예습, 수업, 복습으로 이어지는
노트 정리방법

어떤 분야든 불문율이 있다. 공부와 학습에 있어서도 불문율이 존재하는데, 대표적인 것이 바로 예습, 수업, 복습으로 이어지는 '3단계 학습법'이다.

매년 수능 시험을 치르고 난 후 최고득점자들을 상대로 고득점의 비결을 물어보면 하나같이 '교과서를 중심으로 학교 수업에 충실하면서, 학원과 과외의 도움 없이, 잠을 6시간 이상 충분히 자면서, 예습과 복습을 열심히 했습니다'라고 말한다. 이러한 내용은 명문대에 수석 합격한 학생들의 인터뷰 내용에서도 쉽게 발견할 수 있다. 곧 이 말 속에 예습과 수업, 복습이 공부를 잘하는 비결이라는 뜻이 담겨 있는 것이다.

노트 정리도 예습, 수업, 복습(이하 예수복)으로 이어지는 종합적인 것이어야 한다. 보통은 노트를 단지 수업 시간에 정리하고, 복습 시간에 한번 훑어보는 정도로 생각하고 있다. 더욱이 예습을 할 때 노트를 활용하는 경우는 드물다.

하지만 학습의 강도를 높이고 효과를 더 얻으려면 예수복과 연계한 노트 정리를 해야 한다. 그래야 예습할 때 자신의 힘으로 학습 내용을 얼마나 이해할 수 있었는지, 수업 중에 이해한 것은 무엇인지, 복습할 때 내용 정리를 어떻게 했는지 일목요연하게 살펴볼 수 있다.

예수복노트는 나중에 총복습을 할 때도 편하고, 수시로 자신의 학습 이해도를 파악하는 데에도 유익한 자료가 된다. 그리고 예수복 내용을 펜의 색을 구별해서 적는다면 암기 내용을 쉽게 기억할 수 있으므로 학습 효과를 높일 수 있다. 지금부터 예수복 노트 정리방법을 좀 더 구체적으로 살펴보자.

첫째, 수업 내용 외에 예습, 복습, 설명 등은 자신이 직접 문장을 만들어서 적는다. 이때 가능한 간결한 문체로 스스로 알아볼 수 있게 쓰되, 내용을 확실하게 적는다. 왜냐하면 불확실한 해석이나 설명은 학습에 혼란을 주기 때문이다. 반복되는 내용이나 조사 등은 생략하는 것이 더 바람직하고, 예습에서의 의문 내용을 문제화시키고 복습에서 이를 답해보는 연습을 많이 하는 것이 좋다.

둘째, 글자만 들어 있는 노트를 한 번 보고 금방 그 내용을 기억해내기는 어렵다. 따라서 마치 사진을 들여다보면서 옛날 추억을 떠올리듯이 기억을 되살릴 수 있는 장치를 만들어야 한다. 예를 들어 정리한 날짜, 요일, 날씨, 선생님의 질문과 친구들의 대답 등이 '기억재생장치'의 역할을 한다. 어떤 사람은 수업 내용 외에 지나가는 말로 들려준 이야기까지 적기도 한다. 이 모두가 수업 시간에 배운 내용을 쉽게 기억해내기 위한 노력이다.

셋째, 글씨가 틀릴 때나 잘못 썼을 때는 지우개나 수정액으로 지우고 다시 쓰는 것보다는 틀린 부분에 재빨리 선을 그어 지우고 그 밑에 다시 쓰는 것이 좋다. 왜냐하면 노트를 깨끗이 사용하는 것보다 시간을 절약하는 게 더 이득이기 때문이다. 그리고 예습에서 공부했던 것과 수업 시간에 배운 내용이 다를 경우 예습 내용을 수정하되 그 흔적을 남겨두어야 한다. 그래야 복습을 할 때 자신의 예습 내용이 왜 잘못되었는가를 분석할 수 있는 기회가 된다.

넷째, 모든 내용을 문장으로 설명하는 데에는 한계가 있으므로 복잡한 관계, 시대의 흐름, 단계별 프로세스 등은 그림과 도표, 연표 등을 사용해서 정리하는 것이 효과적이다. 경우에 따라 교과서나 참고서에 나오는 그림과 표를 복사해서 노트에 오려 붙이는 방법도 좋다. 그리고 도로의 교통안내표지판처럼 노트 정리를 할 때도 단순한 기호를 사용하는 것이 효과적이다. 자주 나오는 사항을 기호로 표시해두면 복습할 때 상당히 도움이 된다.

다섯째, 중요한 부분이나 내용은 다른 색을 활용하거나 밑줄을 그어놓으면 훨씬 눈에 잘 띄므로 생각을 떠올리기가 쉽다. 특히 형광펜을 칠해놓으면 그 부분에 대한 인상이 더욱 강해진다. 하지만 너무 많은 부분에 색깔 펜이나 형광펜으로 표시해두면 눈이 어지러워져 역효과가 날 수도 있다. 따라서 수업 중에 강조했거나 정말 중요해서 반드시 암기해야 할 내용만 깔끔하게 줄 치는 것이 좋다.

여섯째, 지나치게 빽빽한 노트는 보는 사람을 피곤하게 만든다. 좁은 공간에 너무 많은 내용을 적어놓으면 나중에 공부할 때 알아보기도 힘들고 공부하고 싶은 마음도 사라질 수 있다. 따라서 되도록 노트의 공간을 여유 있게 활용해야 한다. 그리고 노트를 처음부터 끝까지 같은 방식으로 쓰면 지루해질 수 있으므로 한번씩 변화를 주는 것도 좋다. 다만 어디에 어떤 내용을 쓰고 무엇을 어떻게 배치할 것인가는 분명하게 해야 한다.

일곱째, 노트는 거의 매일 보는 것이기 때문에 지겹거나 따분하게 느껴질 때가 있다. 이런 느낌을 줄이려면 가끔은 노트를 재미있게 꾸며볼 필요가 있다. 노트 중간에 삽화나 만화를 그려 넣는다든지, 학습 동기를 자극하는 데 도움이 되는 명언을 적어두는 것도 좋다.

모델링으로 노트 정리
무작정 따라 하기

훌륭한 요리사가 최고의 요리를 완성하려면 수십 년이 걸린다. 하지만 그 요리사의 레시피(요리집)를 내 것으로 만드는 데에는 몇 시간이면 충분하다. 최고의 요리를 만들기 위해서 레시피를 배우듯이 공부를 잘하기 위해서는 성공 학습자(공신)의 성공 패턴을 배우는 '모델링'이 필요하다.

모델링이란 자신이 꿈꾸는 결과를 이미 얻어낸 사람을 정해서 그 사람의 생각과 말, 행동 패턴을 배우고 모방하는 것이다. 이 방법을 활용하면 수십 년의 노력을 단 몇 시간으로 단축시킬 수 있다. 공부를 잘하고 싶다면 성공인과 공신의 패턴을 배우기 바란다. 그것이 바로 꿈을 실현하는 지름길이다.

자, 이제 학습 전문가들이 추천하는 '실제 학습 과정에 따른 단계별 노트 정리방법'을 무작정 따라 해보기로 하자.

첫째, 수업 중에 '수업노트' 만들기.

수업노트를 작성할 때는 선생님이 칠판에 쓰는 내용이나 강조하는 사항을 '수업 내용'란에 적는다. 알아보기 쉽게, 약어와 기호를 사용해서, 체계적으로 쓴다.

주개념을 설명하기 위해 사용하는 하위개념과 세부사항을 표시하고, 미처 받아 적지 못한 부분은 나중에 써넣을 수 있도록 비워둔다. 반복적으로 설명하는 내용에는 '반'이라고 표시하고, 시험에 나올지도 모른다고 강조하는 내용은 '시'라고 표시한다.

둘째, 수업 후에 '7단계 노트' 완성하기.

1단계는 '수정하기'다. 정리한 내용 중에 잘못된 부분을 수정하고 추가사항을 보충한다. 철자, 이름, 연대, 시간, 장소, 법칙 등은 꼭 확인한다. 수업 시간에 미처 받아 적지 못한 부분이나 내용이 확실하지 않은 부분은 교과서나 참고서를 보고 확인한다.

2단계는 '요점 찾기'다. 정리한 내용 중에 '반'이나 '시'를 중심으로 중요하다고 생각되는 곳에 밑줄이나 표시를 한다.

3단계는 '조직하기'다. 정리한 내용을 외우기 편하도록 관련 그림이나 화살표로 보기 쉽게 만든다. 주개념과 하위개념, 세부사항으로 분류되는 내용은 나무 모양으로 그려보고, 서로 비교되거나 대조되는 내용은 표나 그래프로 나타내며, 부분이나 명칭에 대한 설명은 간단한 그림을 그린다.

4단계는 '암기하기'다. 시험 대비를 위해 정리한 내용의 요점을 신속 정확하게 외운다. 조직화한 내용을 머릿속에 떠올리고, 가능한 수업 내용란을 보지 말고 머릿속에 떠오르는 내용을 그대로 외운다. 자신의 말로 정리해서 외우되, 정의나 규칙 등은 수업 내용대로 외워야 한다.

5단계는 '복습하기'다. 첫 번째 복습은 노트 정리가 끝난 직후 쉬는 시간에 하며, 늦어도 그날 안에는 해야 한다. 두 번째 복습은 요점 찾기 내용을 반복해서 읽는다. 시험 보기 전의 복습은 암기에 중점을 둔다.

6단계는 '요점노트' 만들기다. 시험 직전에는 마음이 조급해져서 많은 내용을 자세히 살펴보기 어렵다. 이럴 때를 대비해서 요점노트를 만들어두면 좋다. 요점노트를 만들려면 무엇이 요점인지 생각해봐야 하므로 자연스럽게 효과적인 공부가 된다. 특히 암기할 내용이 많은 과목에 활용하면 총정리의 효과도 있다.

7단계는 '약점노트' 만들기다. 시험을 보고 난 후에 틀린 문제를 분석하는 것이 중요하다. 오답을 정리해두면 무엇이 왜 틀렸는지 원인을 알 수 있고, 자연스레 자신의 약점을 알게 되어 비슷한 유형의 문제에 대한 실수를 예방할 수 있다. 문제집을 풀거나 공부를 할 때 틀린 문제가 나오면 이것을 약점노트에 즉시 기록해두는 민첩함과 꼼꼼함이 있어야 한다.

셋째, 복습하며 '대상별 노트' 만들기.

'개념노트'는 주요개념과 원리에 대해 정리한 노트다. 수학이나 과학처럼 개념의 이해가 중요한 과목은 핵심개념을 따로 정리하고 자세한 설명이나 자신의 생각을 첨부하는 것이 좋다.

'요약노트'는 한 단원이 끝났을 때 그 단원 전체의 줄거리를 요약해서 적고, 중요한 부분과 꼭 외워야 할 부분에 표시한 노트다. 주로 암기과목에 활용하면 효과적이며 모든 과목에 적용하면 더욱 좋다. 다양한 다이어그램을 사용해서 이해도를 높여야 한다.

'문제(시험)노트'는 시험 전에 선생님이 어떤 문제를 낼까를 생각하면서 예상 문제를 정리한 노트다. 문제노트를 만들 때는 중심개념, 강조사항, 잘 외워지지 않는 것, 쉽게 잊어버리는 것 등을 체계적으로 정리한 후, 수업 시간에 선생님이 강조한 내용을 떠올리며 문제를 뽑는다. 문제가 응용되더라도 빠르게 대처할 수 있도록 내용 범위를 넓게 잡아야 하고, 중요한 부분이나 잘 외워지지 않는 부분을 '괄호(   )'로 만든다.

'오답노트'는 시험에 대비하여 문제를 풀거나 각종 시험을 치른 후, 틀린 문제와 운 좋게 찍어서 맞은 문제를 별도로 관리하는 노트다. 틀린 문제만 적는 것이 아니라 애매한 문제도 같이 적고 틀린 이유와 도움이 될 만한 내용을 모두 적는다. 각 문제에 대한 난이도를 구분해서 표시해두면 더욱 좋다.

국영수사과
과목별 노트 정리방법

상담을 하다 보면 과목별로 어떻게 공부해야 하는지 몰라서 고민이라는 얘기를 많이 듣게 된다. 과목별 노트 정리를 잘하려면 우선 주요 과목이라고 하는 국어, 영어, 수학, 사회, 과학의 특성부터 알아야 한다. 그리고 그 특성에 따라 정리를 하는 것이 좋다.

첫째, 국어는 단순한 과목이 아니라 '말하기' '듣기' '읽기' '쓰기' '문법' '문학'이라는 그리 쉽지 않은 6가지 분야가 모여서 과목을 이루고 있다. 책을 많이 읽으면 국어를 잘할 수 있다고 생각하는데, 독서는 국어의 1가지 영역을 공부한 것에 불과하다. 국어의 6가지 영역을 모두 잘해야 국어를 잘하는 것이기 때문에 국어도 체계적인 공부가 필요하다.

국어 과목 노트 정리를 할 때는 국어사전을 열심히 활용해서 어휘력을 향상시키는 것이 좋다. 예습을 할 때 교과서의 원문은 2행을 걸러서 베끼고, 오른쪽에 자신이 조사한 해석을 쓴다. 어구 해석은 번호를 붙여서 제일 아래쪽에 쓴다. 수업 중에 판서한 내용과 설명은 원문에 끼워 넣거나 선으로 끌어내서 해설한다.

둘째, 영어도 언어이기 때문에 '듣기' '말하기' '읽기' '쓰기' '문법' '문학'의 6가지 분야가 모여서 과목을 이루고 있다. 그런데 여기에 '환경'이라는 요소가 추가되기 때문에 국어보다 몇 배는 더 어렵다.

영어를 배우는 환경은 크게 3가지로 나뉜다. 모국어로 영어를 배우는 경우(미국, 영국, 캐나다, 오스트레일리아 등), 제2언어로 배우는 경우(홍콩, 싱가포르, 인도, 필리핀 등), 외국어로 배우는 경우(한국, 중국, 일본 등)가 있다.

한국이나 일본에서는 외국어로 영어를 공부하므로 배운 것을 사용할 수 있는 환경이 안 되어서 대학교 졸업할 때까지 10년을 넘게 배워도 의사소통이 쉽지 않다. 결국 스스로 말하기, 듣기, 읽기, 쓰기 환경을 많이 만드는 것만이 영어를 정복하는 유일한 비결이다.

영어 단어는 사전을 통해서 찾고, 그때마다 표시해두고, 다시 찾을 때마다 확인한다. 문장을 쓸 때는 1행씩 띄우고 빈 행에 문법사항이나 설명, 해석 등을 써넣는다. 양면 대칭 노트의 왼쪽에는 국문을, 오른쪽에는 영문을 써넣으면 독해와 영작의 일석이조 효과를 거둘 수 있다. 단어 하나라도 다양한 용법과 의미, 숙어와 예문, 문법적인 지식까지 추가해서 쓰면 시간이 좀 걸리기는 해도 단순 암기를 했을 때보다 종합적인 이해가 가능하다. 어느 정도 정리한 내용이 쌓이면 '명사' '대명사' '형용사' 형태로 내용별 분류를 해서 나중에 찾아보기 쉽게 하는 것도 좋다.

셋째, 수학은 벽돌을 한 장 한 장 쌓아 올리듯이 어릴 때부터 기초를 튼튼히 하여 차근차근 해나가야 한다. 그 이유는 수학은 고리 학습의 구조를 가지고 있어서 앞 과정에 대한 이해 없이는 다음 과정으로 넘어갈 수 없기 때문이다.

예를 들어 분수, 소수, 최대공배수, 최대공약수 등에 대한 개념이 전혀 없는 학생에게 분수와 소수의 덧셈, 뺄셈, 곱셈, 나눗셈을 시킨다면 아무리 많은 문제를 풀어도 좋은 결과를 기대하기가 어렵다. 수학은 수와 연산, 도형, 측정, 확률과 통계, 문자와 식, 규칙성과 함수 등 6개 영역으로 나뉘어 있다. 영역별로 기초부터 시작해 단계별로 수준을 높여나가야 탄탄한 수학 실력을 기를 수 있다.

수학 과목 노트 정리를 할 때는 노트 위쪽에 공식을, 아래쪽에 풀이할 때 주의사항이나 잘 틀리는 부분을 메모한다. 각 단원마다 문제 유형에 맞춰 공식을 정리해두면 필요할 때 바로 쓸 수 있다. 이때 공식의 유도법과 사용할 때의 조건 등도 함께 적어둔다.

문제풀이는 연습장에 하는 것이 좋으며 풀이 과정을 생략 없이 또박또박 적어야 한다. 그래야 문제가 틀린 경우 어느 부분이 어떤 이유로 틀렸는지 바로 알 수 있고, 반복을 통해 문제풀이 속도를 빠르고 정확하게 만들 수 있다. 문제풀이 과정을 교과서 귀퉁이에 조그맣게 적고 지워버리면 수학 점수는 절대로 오르지 않는다는 점을 명심하자.

넷째, 사회는 '나'부터 시작하여 가족, 이웃, 지역, 국가, 세계까지 인식의 범위를 넓혀가는 나선형 학습이라는 점에서 수학의 고리학습과 비교된다. 사회는 과거와 현재, 미래의 사회 현상에 대해 살펴보는 과목이며, 우리의 일상생활에서 일어나는 모든 일과 관련이 있다.

사회 과목은 크게 '일반사회' '지리' '세계사' '국사' 영역으로 나눌 수 있다. 사회는 다양한 분야의 방대한 지식으로 이루어져 있고, 대부분의 지식이 도표, 지도, 그래프 등 시각자료와 함께 다루어지기 때문에 이 자료들을 해석하고 이해하는 것이 중요하다. 또한 사회 문제는 하나의 사건이나 사실을 시대와 지역과 관련해서 푸는 형식이 많으므로, 단편적인 지식을 외우는 것보다는 시간과 공간의 흐름에 따라서 체계적으로 정리하는 것이 좋다.

사회 과목 노트 정리를 할 때는 노트 왼쪽 면에는 수업 중에 칠판에 기록된 내용과 설명을 정리하고, 오른쪽 면에는 왼쪽 면과 대응시켜 참고사항과 정리를 보충해나간다. 이때 통계나 지도, 신문 스크랩을 붙여도 효과적이다.

수업 내용이 너무 자세해서 정리하기 어려우면 왼쪽 수업란에 대략적인 윤곽만 정리하고, 복습할 때 오른쪽 면에 요점을 정리해 가면 된다. 지리는 지도를 크게 그려서 그 안에 지명과 요점을 써넣는 것이 효과적이고, 역사는 배운 범위와 그 전후의 연도표를 정리하는 것이 효과적이다. 또한 오른쪽에 암기할 용어와 해설을 추가로 적으면 시험공부를 할 때 큰 도움이 된다.

다섯째, 과학은 '관찰' '법칙' '원리' '응용'이라는 4가지 방식으로 이루어지며, 창의성을 기르기 위한 과목이다. 하나의 과목처럼 보이지만 내용을 자세히 들여다보면 '물리' '화학' '생물' '지구과학'의 4가지 영역으로 구분되므로, 이들 4개 영역의 특성에 맞춰서 공부를 해야 한다.

수학이 고리 학습, 사회가 나선형 학습이라면 과학은 분야별 심화 학습이다. 과학은 교과 단원 자체는 초등, 중등, 고등 모두 유사하지만 학년이 올라갈수록 단원별로 학습의 깊이가 심화된다. 따라서 어떤 단원을 배울 때 심도 있게 공부하는 자세가 필요하다. 과학을 잘하려면 우선 과학에 대한 관심과 흥미를 가지고, 과학용어에 대한 정확한 개념을 정립하며, 교과서 내용을 충분히 이해해야 한다. 그리고 실험, 그래프, 도표에 대한 이해능력을 향상시키고 논리력과 사고력을 키우는 것이 중요하다.

　과학 과목 노트 정리를 할 때는 사회와 마찬가지로 양면을 함께 이용하는 것이 좋은데, 왼쪽은 예습란으로 활용해서 주제(단원명)를 크게 쓴 다음 교과서를 읽고 나서 알게 된 새로운 용어와 법칙, 의문사항 등을 정리한다. 오른쪽에는 수업 중에 판서사항, 선생님의 설명, 복습 후 참고사항이나 요점정리 등을 써나간다. 이때 '왜 그렇게 되었는가?'라는 의문을 품고, 과정을 확실하게 밝히는 것이 포인트다. 가능하면 실험과 관찰 결과도 함께 써두는 것이 좋다.

이번 장에서는 '노트 정리, 이것만은 꼭 알자'를 살펴봤다.

첫 번째는 '노트는 쓴 사람과 읽는 사람의 정신감응 도구다'였다. 《유혹하는 글쓰기》의 저자 스티븐 킹은 글쓰기를 저자와 독자의 '정신감응'이라고 말했다.

글과 말, 그림, 수화 등 사람들이 의사소통을 위해 활용하는 모든 수단은 정신감응의 도구라고 할 수 있다. 노트에도 글이 담겨 있으니 훌륭한 정신감응의 도구가 된다. 노트를 읽는 사람은 내용을 보면서 노트를 쓴 사람과 '정신감응'을 하는 것이다. 독서는 정신감응이 1번만 일어나지만 노트 정리는 정신감응이 2번 일어나기 때문에 좀 더 어렵게 느낀다. 결국 노트 정리의 핵심은 '정신감응'이 잘 일어나도록 쓸 수 있는 정리의 기술이다.

두 번째는 '노트는 쓴 사람과 읽는 사람의 생각 패턴 일치의 도구다'였다.

어떤 작가는 좋아하는데 어떤 작가는 싫어하는 이유는 '생각 패턴'의 차이 때문이다. 우리가 책을 읽는다는 것은 작가의 생각 패턴을 읽는 것인데, 생각 패턴이 얼마나 비슷하냐에 따라서 호불호가 갈리는 것이다.

자신이 정리한 노트는 쉽게 읽히지만 다른 사람이 쓴 노트는 잘 읽히지 않는 이유도 '생각 패턴'의 차이 때문이다. 어떤 작가의 책을 여러 번 읽으면서 생각 패턴이 조금씩 일치하게 되면 그 작가의 열혈 팬이 되듯이, 노트 필기도 지속하다 보면 가르치는 선생님과 생각 패턴이 비슷해져서 수제자가 될 수 있고, 자신이 정리한 노트도 여러 번 반복하다 보면 송수신자의 생각 패턴이 일치되어 이해와 기억에 큰 도움이 된다.

생각 패턴을 일치시키는 과정은 《탤런트 코드》에 소개된 '미엘린을 만드는 과정(점화, 심층연습, 마스터 코칭)'과 유사하기 때문에 과학적으로도 근거가 있다. 2장에서 소개한 '닮고 싶은 멘토들의 노트 정리법' 중에서 가장 마음에 드는 것을 하나 골라서 열정을 '점화'시키고, 선택한 방법을 하루에 3~5시간 정도 꾸준히 '심층연습'하며, 효과를 높이기 위해 훌륭한 코치에게 마스터 코칭을 받는다.

세 번째는 '노트 정리의 흔적, 펜혹의 추억'이었다.

펜혹이란 연필이나 볼펜으로 글을 쓰는 사람의 가운뎃손가락 손톱 위 첫 마디 안쪽 부분에 불룩 솟아 있는 굳은살을 뜻한다. 글을 오래 쓰다 보면 펜을 받치는 손가락 부분에 혹 같은 굳은살이 생기는 것이다. 펜혹은 '글쓰기의 상처'라고 불리며, 시인이나 소설가를 만들어주는 통과의례로 여겨진다.

《티치미 공부법》의 저자 한석원은 손가락에 굳은살이 생기는 정도가 아니라 아예 손가락이 휘어져 장애가 생길 정도로 열심히 공부했는데, 고 3 때 전교 300등이던 성적을 1년도 안 되는 짧은 시간에 수식 상승시켜서 서울대에 합격하면서 불가능을 가능으로 만들었다.

《공병호의 공부법》의 저자 공병호 박사는 열심히 공부하기 위해 정신적 행복이나 물질적 이득을 연결시키라고 했는데, 노트 정리를 하면서 손에 펜혹을 만들겠다는 목표를 세우면 열공하게 될 것이다.

네 번째는 '노트 정리는 두뇌를 개발하는 최고의 방법이다'였다.

한국인의 IQ가 세계 최고라는 사실을 이론적으로 뒷받침해주는 것이 호문쿨루스이다.

호문클루스는 대뇌피질의 감각 영역과 운동 영역에서 신체 각 부위의 기능을 담당하는 범위가 어느 정도의 비율을 차지하고 있는지를 나타낸 지도이다.

지도에 따르면 우리 뇌는 1순위 손, 2순위 입, 3순위 발의 영향을 크게 받는다. 호문클루스에 따르면 '박수' '걷기' '웃음'이 두뇌 개발에 효과적인 방법이므로, '발구르며 박장대소'하는 것이 최고의 뇌건강 증진방법이라 할 수 있다. 특히 손은 두뇌의 사고 회로와 직접 연결되어 있어서 손을 많이 움직이면 두뇌 개발에 도움이 된다. 그러므로 노트 정리는 두뇌를 개발하는 최고의 방법이라고 할 수 있다. 왜냐하면 쇠젓가락 옮기기나 종이접기, 실뜨기, 악기 연주, 타자연습 등은 생각을 별로 하지 않고도 가능한 수작업인 데 반해, 노트 정리는 고도의 사고 작용을 바탕으로 이루어지는 수작업이기 때문이다.

다섯 번째는 '노트 정리의 핵심 키워드는 구분이다'였다.

공부는 '공부하는 내용을 구분하고 반복해서 이해하고 암기하는 것'이라고 쉽게 정의할 수 있으므로 '구분과 반복, 이해와 암기'를 공부의 핵심 키워드라고 한다. 여기에서 중요한 점은 뭘 어떻게 '구분'할 것인가의 문제이다. 구분을 제대로 하려면 구체적인 방법을 알아야만 한다.

가장 기본적인 구분의 핵심은 '시험에 나올 만큼 중요한 내용'과 '중요하지 않은 내용'을 구분하는 것이고, '시험에 나올 만큼 중요한 내용'은 다시 학습주제(목표), 수업 시간 강조, 기출문제, 책에 표시, 이해와 암기 안 된 것 등으로 나뉜다. 우리가 책에 밑줄을 긋는 이유는 '구분'하기 위해서이다.

노트 정리를 할 때도 '구분'이 핵심 키워드다. 우리가 노트 정리를 하는 이유는 학습 내용을 조직화·체계화시키기 위해서인데, 노트 정리를 잘했다는 것은 결국 '구분'을 잘했다는 의미다. '구분'할 때는 기록과 이해, 요약과 암기, 정리 등을 고려해서 노트에 적으면 된다. 구분을 좀 더 효과적으로 하려면 아예 노트의 공간을 나누는 것이 좋다. '기록'을 할 때는 자신의 언어로 해야 하고, 가능한 빨리 그 핵심 내용을 '요약'해두는 것이 좋다.

여섯 번째는 '노트 정리의 기본, 완전학습노트와 마인드맵노트'였다.

구분을 통해 학습 내용을 잘 정리할 수 있도록 개발된 것이 '완전학습노트(완전학습 이론에 따라 노트 정리만으로 완벽한 이해와 암기에 성공할 수 있다는 취지)'이다. 완전학습노트를 만들면, 곧 공간을 나누어서 정리하면 구분을 통해 조직화와 체계화를 잘하게 되므로 자연스레 정리도 잘하게 된다. 완전학습노트 정리법은 좌뇌를 활용해 텍스트 중심으로 정리하는 방식이다. 이때 좌뇌보다는 우뇌가 더 성능이 뛰어나므로 우뇌가 좋아하는 이미지 형태로 정리하는 '마인드맵'을 활용하는 것이 효과적이다.

마인드맵을 그리려면 우선 종이를 가로로 놓고, 가운데에 핵심 키워드나 주제를 그리며, 주제를 중심으로 가지를 뻗어서 부제를 그리고, 부제에서 다시 가지를 뻗어서 세부 내용을 그리면서 방사형으로 학습 내용을 그려나가면 된다. 핵심과 주제, 부제, 세부 내용 등 학습 내용이 잘 정리되어 있어야 마인드맵도 잘 그릴 수 있다.

일곱 번째는 '환상적인 노트 정리를 위한 기술'이었다.

노트 정리가 중요한 이유는 좋은 자료, 시험 도구, 훌륭한 참고서 등의 역할을 하기 때문이다. 노트 정리의 효과는 기억력과 이해력, 사고력, 창의력 향상, 새로운 가치 창출 등이다. 노트 정리 효과를 높이려면 왼쪽 페이지에 '요점정리', 오른쪽 페이지에 '수업 내용'을 적는다.

요점정리를 할 때는 번호를 매겨서 체계적으로 분석한 후에 핵심 포인트를 요약하면서 조직화한다. 수업 내용은 선생님이 설명한 내용이나 칠판에 쓴 내용, 시청각 기자재를 이용해 화면에 비춘 내용이 모두 포함된다.

약어사전을 만들 때는 노트를 훑어보면서 반복되는 단어를 찾아서 사전을 만들고, 자주 접하는 다른 단어가 있을 때마다 사전에 추가한다. 노트 정리를 할 때 유의할 점으로는 단어나 구 형태로 적기, 이미 알고 있는 내용과 관련짓기, 또박또박 적기, 자신이 이해한 내용으로 적기, 날짜와 요일 적기, 선생님의 입장으로 적기, 수업 직후 노트 점검하기 등이 있다.

여덟 번째는 '예습, 수업, 복습으로 이어지는 노트 정리방법'이었다.

예습, 수업, 복습으로 이어지는 '3단계 학습법'은 공부의 불문율로 불리는데, 수능 만점자들의 인터뷰로 그 이유를 알 수 있다. 노트 정리도 예습, 수업, 복습(이하 예수복)으로 이어지는 종합적인 것이어야 한다.

예수복노트는 복습할 때 편하고, 이해도를 파악하기 쉬우며, 암기 내용을 잘 기억할 수 있어서 효과적이다. 예수복노트 정리방법은 직접 문장을 만들어서 적기, 기억 재생 장치 만들기, 틀린 부분에 선 굿고 다시 쓰기, 그림(도표, 연표) 사용하기, 색깔 펜으로 밑줄 굿기, 노트에 여유 공간 만들기, 삽화(만화)로 재미있게 꾸미기 등이 있다.

아홉 번째는 '모델링으로 노트 정리 무작정 따라 하기'였다.

최고의 요리를 만들기 위해서 레시피를 배우듯이 공부를 잘하기 위해서는 성공 학습자(공신)의 성공 패턴을 배우는 '모델링'이 필요하다.

'실제 학습 과정에 따른 단계별 노트 정리방법'을 무작정 따라 해보자. 수업 중에 '수업 노트(약어, 기호, 반, 시)' 만들기, 수업 후에 '7단계 노트(수정하기, 요점 찾기, 조직하기, 암기하기, 복습하기, 요점노트, 약점노트)' 완성하기, 복습하며 '대상별 노트(개념노트, 문제노트, 오답노트)' 만들기 등의 순서로 하면 된다.

열 번째는 '국영수사과 과목별 노트 정리방법'이었다.

국어는 국어사전 사용하기, 교과서 베끼면서 해석 쓰기, 판서한 내용 끼워 넣기 등을 활용한다.

영어는 단어 찾기, 왼쪽에 국문, 오른쪽에 영문 쓰기, 다양한 용법과 의미 추가하기, 내용별로 분류하기 등을 활용한다.

수학은 기초부터 차근차근 해나가야 한다. 위쪽에 공식, 아래쪽에 풀이 쓰기, 단원별 문제 유형에 맞춰 공식 정리하기, 문제풀이는 연습장에 하기 등을 활용한다.

사회는 왼쪽에는 수업 내용(개요)을, 오른쪽에는 보충사항(요점)을 적고, 지리는 지도 그리기, 역사는 연도표 정리하기 등을 활용한다.

과학은 물리, 화학, 생물, 지구과학 등 4가지 영역으로 구분된다. 왼쪽에는 주제와 용어와 의문사항, 오른쪽에는 판서사항과 요점정리 쓰기, 실험과 관찰 결과 함께 쓰기 등을 활용한다.

☉ 노트정리, 이것만은 꼭 알자

0. 지난 내용
  1) 오리엔
    ① 거C에 노트정리의 의미 & 철학. 개념. 원리
    ② 자신만의 정리법 찾기: 마킹구축. 4칸공책. 5분노트법

  2) 멘토들의 노트 정리법
    ① 최재욱: 레티나르도 다빈치. 아이작 뉴턴. 다산정약용
    ② 신영준: 에디슨. 링컨. 반기문. 안철수
    ③ 강성태: 공부신. 박철우. 김려규
    ④ 임희정도: 가라사키. 김정호. 진도현. 강동욱. 원권
    ⑤ 서울대: 근거 3단계, 정리목차. 공통점
    ⑥ 도르내: 책이의자. 기록적. 라흐벌
    ⑦ 도니바전: 개념. 복리. 빨강벌. 책션 커맨드
    ⑧ 광촉창안: 20년 역사. 다양구성 내용

1. 참선가용 도구
  1) 스터디플: 흔뜨 ─ 자각력 동력이 '자신감증'
  2) 노트정리가 짠 사람과 읽는 사람이 '자신감증'

2. 색깔펜터 도구
  1) 책 읽는것 = 색깔펜터 읽는것
  2) 노트 정리: 친색법 ↔ 누개과. 흔선과 ↔ 수선과
  3) 색깔펜터: 정과 → 신중여표 → 마인터 전략

3. 필축의 조명
  1) 필축: 순간적 관찰셕 → 흔선기의 생략. 요인은 독립이끼
  2) 필자 사례: 관성의 사례 → 필축 만드는 목표

4. 뇌리개벌 방법
  1) 문모플루스: 뇌 신체 지도 → 손(1), 입(2), 발(3)
  2) 관측오그림(정가적 문리), 웨이너노간측선 (임모문화) 신청측리 (관리)

5. 책션 커맨드 '거능'
  1) 촹축 = 거능. 빠른축. 이해. 암기 → 흐르O. 흐르X (거능)
  2) 거능: 흥가 니쓰커 → 기축. 이해. 반복. 암기. 점검

6. 만좌축도 노트, 파인트밸 노트
  1) 만노 (관리): 1단계 (2등급). 2단계 (3등급). 3단계 (4등급)
  2) 파노 (5퀴): 근개 → 복사 → 내용 (반사기)

7. 함성직 정리기록
  1) 흔리수: 요점정리 (관). 누요비도 (수) → 반복 께리
  2) 유리적: 앞어/구. 만연직도여. 멀앤벌따. 자유오직. 완리유함

8. 에더축 정리 방법
  1) 정보: 분류. 통일. 이카이드 회박. 기자용이
  2) 방법: 운창 만들기. 가지개서성과리. 다시쓰기. 그림사용

9. 오완오. 에러거리 : 측요촉 (두요노트). 수요촉 (가에메모). 흑촉 (내빠촉노트)

10. 라축벌 정리 방법 : 특선 리여 → 정보자료 반복법. 사선벌

텍스트 중심의 노트 정리

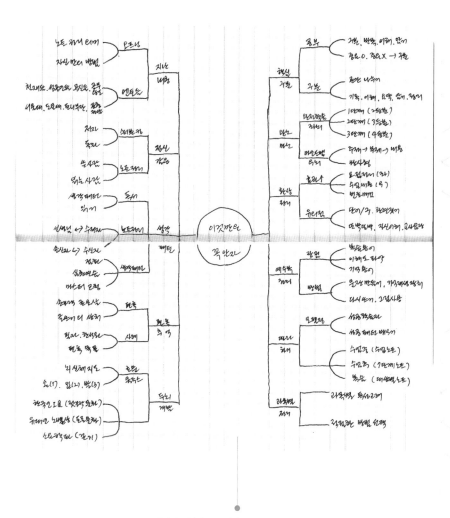

이미지 중심의 노트 정리

● 지금까지 다뤘던 내용의 확인 질문 ●

☑ 21세기 디지털 시대에 아날로그 노트 정리의 의미는 무엇인가?

☑ 자신만의 노트 정리법으로 노트 정리를 잘하려면 무엇이 필요한가?

☑ '닮고 싶은 멘토들의 노트 정리법' 중에서 누구의 어떤 방법이 가장 기억에 남는가?

☑ '노트는 쓴 사람과 읽는 사람의 정신감응 그리고 생각 패턴 일치의 도구다'에서 가장 기억에 남는 건 무엇인가?

☑ '펜혹의 추억'과 '두뇌를 개발하는 최고의 방법'에서 가장 기억에 남는 건 무엇인가?

☑️ '핵심 키워드 구분'과 '완전학습노트, 마인드맵노트'에서 가장 기억에 남는 건 무엇인가?

☑️ '노트 정리를 위한 기술'과 '예수복노트 정리방법'에서 가장 기억에 남는 건 무엇인가?

☑️ '노트 정리 무작정 따라 하기'와 '과목별 노트 정리방법'에서 가장 기억에 남는 건 무엇인가?

노트 정리 전문가들의
노하우

워밍업:
노트 정리력 테스트와
필기도구 추천

《노트 정리 시크릿》의 저자 신성일은 서울 강남 지역의 학생들을 대상으로 노트 정리에 대한 설문조사를 실시했다. 설문조사 내용은 노트 정리에서 가장 중요한 건 무엇인지, 노트 정리할 때 힘든 것은 무엇인지, 학교 수업 시간에 필기는 잘하는지, 어느 과목의 노트 정리가 가장 어려운지 등이었다.

학생들의 답변은 다양했다. '어떻게 정리할지 모르겠어요' '수업 시간에 핵심 찾는 것이 어려워요' '핵심어를 못 찾겠어요' '중요 내용과 보충 내용을 어떻게 정리해야 할지 모르겠어요' '중요한 내용을 못 찾겠어요' '요약을 잘 못하겠어요' 등. 결국 학생들은 노트 정리의 형식과 핵심어 찾기, 중심 내용 정리를 어려워하고 있다는 것을 알 수 있었다.

노트 정리를 잘하려면 먼저 자신의 정리력이 어느 정도 수준인지 파악해야 한다. 시험을 보는 것이 아니라 가벼운 마음으로 평소 노트 정리 스타일과 장단점을 살펴보는 것이므로 부담을 가질 필요는 없다. 노트 정리하는 습관과 태도는 사람에 따라 다르며, 좋은 답과 나쁜 답, 맞는 답과 틀린 답은 없다. 그러므로 검사 문항을 잘 읽고 가장 먼저 떠오르는 생각을 O와 X로 솔직하게 답하면 된다.

이 검사는 총 20개의 질문으로 이루어져 있다. 답하는 요령은 질문을 하나씩 차례대로 읽어가면서 그것이 평소 자기 자신이 공부할 때의 요령, 습관, 생각과 맞다면 O, 틀리다면 X를 빈 칸에 표시하면 된다. 이 검사는 시간 제한이 없다. 그러나 될 수 있는 대로 빨리 답하고, 한 문제라도 답하지 않고 넘어가는 일이 없도록 주의하길 바란다. 보통 1~2분 정도면 모든 문제를 충분히 소화할 수 있을 것이다.

그럼 지금부터 시작해보자.

노트 정리력 테스트

1. 평소에 무엇이든 메모해두는 편이다. ——————— ○×
2. 학습 준비물을 잊어버리지 않고 잘 챙기는 편이다. ——————— ○×
3. 그날 배운 내용을 공부하기 위해 노트 정리를 잘하는 편이다. ——— ○×
4. 노트의 종류에 따른 용도를 알고 사용한다. ——————— ○×
5. 책을 읽고 난 후 읽은 내용을 간단히 요약해서 기록해본다. ——— ○×
6. 교과서나 책을 읽으면서 요점과 중요한 내용은 책의 빈 곳에 기록해둔다. – ○×
7. 공부할 때 필기도구의 색깔을 구분해서 사용한다. ——————— ○×
8. 수업 시간에 선생님이 한 말은 모두 적는 편이다. ——————— ○×
9. 어려운 말은 내가 이해하기 쉬운 말로 바꾸어가며 적는다. ——— ○×
10. 노트 정리에 필요한 약어나 기호를 사용한다. ——————— ○×
11. 국영수사과 과목별로 노트 정리를 하고 있다. ——————— ○×
12. 수업 중에 선생님이 정리하라고 한 내용 말고도 중요한 내용을 적는다. — ○×
13. 내가 정리한 노트를 나중에 다시 볼 때 내용을 쉽게 파악할 수 있다. — ○×
14. 수업 후에 정리한 내용을 보고 빠진 부분을 채운다. ——————— ○×
15. 복습이나 시험공부 할 때는 정리한 노트를 함께 본다. ——————— ○×
16. 정리할 때는 복습하며 내용을 추가하기 위해 여백을 남겨둔다. ——— ○×
17. 노트 정리할 때 참고서와 문제집, 프린트물의 내용을 통합한다. ——— ○×
18. 시험 준비를 할 때는 공부하기 편하게 노트를 따로 정리한다. ——— ○×
19. 친구들에게 정리한 노트를 빌려주는 경우가 많다. ——————— ○×
20. 나는 나름의 노트 정리법이 있다. ——————— ○×

노트 정리력 테스트

- **17~20개(최상위 수준):** 테스트 결과가 17개 이상으로 아주 우수하게 나왔다면 노트 정리할 때 아주 효과적인 방법을 사용하고 있다고 할 수 있다. 지금까지 해오던 방법을 그대로 유지하면서 좀 더 효과적인 방법을 찾기 위해 수시로 점검해야 한다.

- **13~16개(상위 수준):** 테스트 결과가 13개 이상으로 우수하게 나왔다면 노트 정리를 잘하고 있는 편이라고 추측할 수 있다. 자신의 장점을 유지하면서 보완해야 할 점을 하나씩 추가해나간다면 좀 더 나은 성과가 있을 것이다.

- **9~12개(보통 수준):** 테스트 결과가 9개 이상으로 보통 수준이라면 노트 정리를 잘할 수 있느냐 잘할 수 없느냐 하는 갈림길에 서 있다고 볼 수 있다. 따라서 지금까지 해오던 노트 정리방법을 모두 체계적으로 점검해볼 필요성이 있다.

- **5~8개(하위 수준):** 테스트 결과가 5개 이상으로 여기에 속하는 사람은 노트 정리 습관이 좋지 않다고 할 수 있다. 아마도 효과적인 방법을 모르고 있을 거라 생각된다. 노트 정리에 대한 전반적인 이해와 필요성을 느끼고 실천하려는 노력이 필요하다.

- **0~4개(최하위 수준):** 테스트 결과가 5개 미만으로 여기에 속하는 사람은 노트 정리를 어디서부터 어떻게 해야 하는지 모르는 것 같다. 처음부터 모든 것을 이루려고 하지 말고 여기에서 소개하는 방법을 하나씩 자기 것으로 만들어나가길 바란다.

사람들마다 지문과 눈의 홍채, 뇌의 주름 모양이 모두 다르듯이 노트 정리방법도 각자 다르다. 따라서 자신의 스타일에 맞는 노트 정리방법을 찾는 것이 무엇보다 중요하다. 《공부생 노트필기》의 저자 최귀길은 자신이 어떤 유형에 속하는지 궁금해하는 사람들을 위해 4가지 유형을 제시한다.

첫째,   모범생형(네모형)은 누가 가르쳐주지 않아도 잘한다. 꼼꼼하고 자세하게 필기하고, 유선노트를 선호하며, 자신이 꼭 필요하다고 생각하는 부분만 뽑아서 간략하게 정리한다.

둘째,   고집형(세모형)은 목표를 향해 돌진한다. 동기가 뚜렷해야 정리를 시작하고, 올바른 방법을 가르쳐줘도 자기 스타일만을 주장하며, 세부적인 내용보다 전체 흐름을 중심으로 정리하고, 몰아서 공부하는 성향이 강해 벼락치기를 자주 한다.

셋째,   꾸미기형(동그라미형)은 예쁘고 화려한 것을 좋아한다. 노트에 표나 그래프, 사진 등을 붙이는 것을 좋아하고, 필기구의 색깔과 브랜드에 집착하며, 노트 정리 속도가 느리고, 핵심 파악을 잘 못하며, 내용이 엉성하다.

넷째,   자유분방형(별형)은 감성적이고 창의적이다. 마인드맵노트 정리를 선호하고, 세부적인 중요사항을 잘 놓치며, 기존 학습 자료를 의존하고, 노트 정리가 불규칙적이며, 좋아하는 과목과 싫어하는 과목의

점수 차이가 크다.

유형별 특성을 고려해서 좀 더 나은 노트 정리를 하려면 다음과 같이 보완해야 한다.

모범생형(네모형)은 수업 중에 경청하면서 노트를 작성하는 것이 좋고, 암기 위주의 노트를 만들어 부족한 부분을 강화해야 하며, 오답노트를 좀 더 체계적으로 정리해야 한다. 다만 내용을 너무 완벽하게 정리하려고 욕심부리는 것은 유의해야 한다.

고집형(세모형)은 현명한 멘토의 도움이 필요하고, 복습노트를 통해 꾸준한 노트 정리 습관을 길러야 하며, 다양한 학습자료를 노트에 응용하는 것이 좋다. 유의할 점은 결과 중심의 정리가 아니라 과정 중심의 정리를 해야 한다는 것이다.

꾸미기형(동그라미형)은 핵심 내용 파악을 위해서 교과서 읽기 전략을 익히고, 수업 전 노트를 작성해야 하며, 꾸미는 시간은 줄이고, 내용 정리에 집중해야 한다. 노트를 잘 꾸며놓은 뒤에 서랍 속에 고이 모셔두지 말고, 주기적으로 반복해서 암기해야 한다.

자유분방형(별형)은 주기적으로 노트 정리할 시간을 정해야 하고, 수직 노트와 수평 노트의 장점을 활용해야 한다. 싫어하는 과목도 점수를 끌어올리기 위해 끈기를 가지고 노트 정리를 해야 한다.

노트 정리를 할 때는 보통 3가지의 기본 펜과 2가지의 보충 펜이 필요하다. 두꺼운 글씨에 사용하는 펜은 제목과 주제, 이미지, 밑줄, 박스 등에 쓴다. 개념을 정리하는 부드러운 펜은 손에 잡히는 감각이 좋아야 한다. 작은 글씨에 좋은 펜은 간단한 메모와 밑줄 칠 때 쓴다. 강조할 때 사용하는 형광펜은 액체보다는 고체가 좋고, 노란색과 분홍색이 무난하다. 검은 펜은 일반적인 내용을 기록할 때 사용하고, 파란 펜은 암기할 내용을 적을 때 사용하며, 빨간 펜은 핵심어와 오답 내용을 적을 때 사용하고, 형광펜은 암기할 내용을 다시 한 번 체크해서 머리에 각인시킬 목적으로 사용한다.

필기도구를 챙길 때 유의할 점도 몇 가지 있다.

첫째, 노트는 가능한 연필보다 볼펜으로 작성하는 것이 좋다. 다양한 색깔을 사용해서 기록해야 하므로 눈에 잘 띄어야 한다.

둘째, 볼펜 색깔은 최대 5가지만 준비하는 것이 좋다. 너무 많은 색으로 노트를 꾸미면 산만해져서 집중력을 떨어뜨린다.

셋째, 색이 선명하고 향이 없는 펜이 좋다. 파스텔톤이나 펄이 들어간 펜은 눈의 피로감을 가중시키고, 향이 들어간 펜은 두통을 유발한다. 깔끔하고 선명한 무향의 3색 펜(검정, 빨강, 파랑)을 준비하되 각각 1자루씩 따로 준비하는 것이 좋다. 3색이 하나에 들어간 펜은 통이 굵어서 쥐는 감도 좋지 않고, 손이 아파서 오랫동안 쓰기 어렵기 때문이다.

넷째,   포스트잇은 사이즈별, 색깔별로 준비하는 것이 좋다. 시험에 나오는 것, 요약 내용, 보충 내용 등을 구분하기 쉬워야 한다.

다섯째,   집에서 쓸 것과 학교에서 쓸 것을 따로 챙겨야 한다. 집에서 쓰다가 학교에 안 가져가거나 학교에서 쓰다가 두고 오는 경우가 많기 때문이다.

입문:
마음대로 낙서하기와
취미노트 만들기

노트 정리에 대한 안 좋은 추억이 있거나 쓰는 것 자체를 싫어하는 사람이라면 '낙서'부터 시작하는 것이 좋다. 자주 쓰는 물건에 자신의 생각을 자유롭게 담은 '낙서'를 해보자. 교과서, 참고서, 문제집, 노트, 프린트물 등 어떤 것이든 상관없다. 책을 더럽히는 게 싫다거나 누가 뭐라고 하는 것이 신경 쓰인다면 복사를 한 후에 낙서하면 된다.

낙서를 할 때는 몇 가지 유의사항이 있다.

(1) 부정적인 것보다는 긍정적인 내용이 좋다. (2) 과도한 폭력적·성적인 표현은 자제하는 것이 좋다. (3) 가능하면 창의적이고

기발한 아이디어를 발휘하는 것이 좋다.

이런 몇 가지 유의사항만 빼면 자유롭게 상상의 나래를 펴면서 낙서가 가능할 것이다. 본격적인 노트 정리를 하기 전에 워밍업으로 낙서를 한다면 머리가 팽팽 돌아갈 거라 기대한다.

낙서가 별로 마음에 들지 않는다면 자신이 좋아하는 취미나 일상과 관련해 뭔가를 쓰는 일부터 시작하는 것도 좋은 방법이다. 하루 동안 일어났던 일 중에서 인상 깊었던 장면을 짧은 글에 담아 일기를 쓸 수도 있고, 감추고 싶은 비밀이 있다면 '비밀일기'를 써도 좋다. 어떤 비밀을 혼자 머릿속에 담아두는 것보다 글로 적어두면 나의 진심에 귀 기울일 수 있게 되므로 생각과 마음이 커진다.

《안네의 일기》에 나오는 일기장에 '키티'라는 별명이 있듯이, 나의 비밀 일기장에도 멋진 이름을 붙여준다면 더욱 애착이 가서 열심히 쓰게 될 것이다.

졸업식이나 수료식을 하는 날 헤어짐을 아쉬워하면서 교환노트(롤링페이퍼)를 작성해본 경험이 있을 것이다. 노트에 자신의 마음과 생각을 기록한다는 것은 말로 할 때보다 더 큰 힘을 발휘한다. 왜냐하면 좀 더 솔직하고 진중하게 생각하게 되기 때문이다.

교환노트는 친구들끼리만 쓸 수 있는 게 아니다.

선생님이나 선후배, 부모님이나 형제 등 가까운 사이라면 누구와도 가능하다. 특히 평소에 대화가 부족한 사람과 교환노트를 쓴다면 특별한 감정을 나눌 수 있다.

오늘 집이나 회사의 화장실에 교환노트 1권을 놔두면 어떨까? 화장실에 갈 때마다 잠깐씩 서로의 마음을 써서 전하면 따뜻한 정이 오갈 것이다.

'칭찬은 고래도 춤추게 한다'는 말이 있듯이 칭찬은 나를 웃게 하고 힘이 솟게 만든다. 칭찬노트를 만들어 지금까지 받아본 칭찬 중에서 가장 기억에 남는 말을 떠올려 보거나, 다른 사람에게 했던 칭찬 중에서 기억나는 것을 적어본다. 과거의 칭찬을 적을 때는 누구에게 어떤 칭찬을 받았거나 했는지 구체적으로 적는 것이 좋다. 내가 받고 싶은 칭찬을 생각해서 적거나 다른 사람에게 하고 싶은 칭찬을 적어도 좋다.

칭찬을 적으려다 보면 생각만큼 쉽게 떠오르지 않을 것이다. 왜냐하면 실수나 나쁜 점은 잘 보면서도 좋은 점을 발견하고 칭찬하는 것에 익숙하지 않기 때문이다. 평소 쑥스러워서 칭찬하는 말을 잘하지 못한다면 칭찬노트에 하나씩 적어보자. 자연스럽게 칭찬이 입으로도 나오게 될 것이다.

'인생의 다섯 친구'를 노트에 담는 것도 좋다. 인생을 살아가면서 삶을 풍요롭게 만드는 데 도움을 주는 인생의 다섯 친구는 독서와 운동, 영화, 음악, 여행이다. 이 친구들이 행복한 인생에 도움이 되는 이유는 다른 모습을 통해 나를 인식할 수 있게 해주기 때문이다. 특히 1000만 명 이상이 보는 영화, 100만 명 이상이 듣는 음악, 10만 명 이상이 체험하는 여행을 통해 누구나 쉽게 노트와 친해질 수 있다. 글쓰기가 어려운 이유는 글감이 부족하기 때문이고, 노트 정리가 어려운 이유는 쓸 거리가 없기 때문이다. 그런데 인생의 다섯 친구는 뭔가 쓸 거리를 쉽게 만들 수 있게 도와준다.

우리는 책을 읽거나 영화를 보면서 문장이나 대사를 이해하고, 장면을 상상하며, 기쁨과 슬픔, 두려움 등 다양한 감정을 느끼게 된다. 음악을 들을 때도 리듬에 몸을 맡기면서 가사를 음미하면 여러 가지 생각과 감정이 올라온다. 운동을 할 때는 내 몸의 변화가 느껴지면서 성장과 발전을 체험하게 되고, 여행을 가면 보고 듣고 맛보고 느끼는 모든 것이 삶의 활력소로 다가온다.

예를 들어 독서노트를 적을 때는 읽은 책의 제목과 저자명, 날짜를 기록하고, 기억나는 것, 새롭게 배운 것, 인상적인 내용 등을 노트에 쓰면 된다. 여행노트를 적을 때는 즐겁고 신나게 체험한 그대로를 담으면 된다.

멋진 건축물을 봤다면 어느 시대의 것인지 누가 지었는지, 이름은 무엇인지, 어떤 이야기가 담겨 있는지 등을 적으려고 애쓸 필요는 없다. 그것을 보고 어떤 생각과 느낌이 들었는지를 문장으로 표현하면 된다. 다만 짜임새 있는 여행노트를 만들고 싶다면 시간의 흐름에 따라 '여행 전' '여행 중' '여행 후'로 나누어서 사진과 글을 곁들이며 자유롭게 노트를 작성하면 된다.

꿈꾸는 것을 좋아하거나 꿈을 이루고 싶다면 '꿈노트'를 만들어도 좋다. '세계에서 가장 많은 꿈을 이룬 사나이'로 알려져 있는 탐험가 존 고더드는 15살 때 자신이 평생 동안 이루고 싶은 모든 꿈을 담아 '나의 인생 목표'라는 것을 적었다. 그중에는 피아노 치기, 문학 작품 읽기 같은 쉬운 것부터 달나라 여행, 에베레스트 등정, 아마존 강 탐험처럼 어려운 것까지 있었다.

그는 꿈을 적는 일에 제한을 두지 않고 마음껏 상상의 나래를 펼치며 총 127개의 리스트를 적었다. 그로부터 40년 후 《라이프》지에는 〈꿈을 이룬 사나이〉라는 제목으로 그의 이야기가 소개됐다. 그때까지 존 고더드는 127개의 꿈 가운데 106개를 이루었던 것이다.

《멈추지 마 다시 꿈부터 써봐》를 통해 꿈 멘토로 활동하고 있는 김수영은 한국의 존 고더드라고 할 수 있다. 어려운 가정 형편에 나쁜 친구들과 어울려 다니면서 가출까지 했던 '문제아' 김수영은 중학교를 중퇴하고 검정고시로 실업계인 여수정보과학고에 입학했다.

뒤늦게 철이 들어 기자의 꿈을 가지게 되었고, 대학교 진학을 목표로 열심히 공부하다가, 실업계고 최초로 〈도전 골든벨〉을 울려서 세간의 이목을 집중시켰다. 연세대에서 영문학과 경영학을 전공하고, 졸업한 후에 세계 최고의 투자은행인 골드만삭스에 입사했지만, 몸에서 암 세포가 발견되어 충격을 받는다. 그녀는 죽음의 문턱에서 죽기 전에 해보고 싶은 것을 노트에 쭉 써내려 갔고, 자신의 꿈 73가지를 담은 리스트를 완성했다.

'인생의 3분의 1은 한국에서 살았으니 다음 3분의 1은 세계를 돌아다니고, 마지막 3분의 1은 가장 사랑하는 곳에서 살고 싶다'는 첫 번째 꿈을 이루기 위해 2005년 무작정 런던행 비행기 표를 끊고 한국을 떠나며 세계 도전을 시작했다. 70여 개국을 다니면서 73개의 꿈 목록 중에서 46가지의 꿈을 이루었다. '부모님께 집 사드리기' '킬리만자로 오르기' '뮤지컬 무대에 오르기' 등이 대표적이다. 책을 출간하며 '사람들에게 영감을 주기'라는 꿈을 이루었고, '꿈의 파노라마' 프로젝트 〈당신의 꿈은 무엇입니까〉 전시회, '드림 페스티벌' 등을 통해 더 많은 이들에게 꿈의 씨앗을 나누어 주고 있다.

마음속으로만 생각하는 것보다 말을 하는 것의 힘이 더 크고, 말로 하는 것보다 글로 쓰는 것의 힘이 더 강하다고 한다. 그 이유는 시신경과 운동근육을 동원해 꿈과 목표를 두뇌에 새겨 넣기 때문이다.

한 조사기관의 연구에 따르면 목표를 글로 써서 간직하는 사람과 목표만 있는 사람은 적게는 10배, 많게는 100배 가까운 성과의 차이를 가져온다고 한다. 이것이 글로 기록한 목표의 위력이며, 이런 이유로 기록은 행동을 지배한다고 말하는 것이다. 지금 당장 자신의 꿈을 글로 적어보기 바란다. 그럼 얼마 후 현실이 될 것이다.

노트를 통해 행복지수를 높이고 싶다면 감사노트를 추천한다. 감사노트는 하루 동안에 있었던 일 중에서 감사할 일을 3~5가지 정도 노트에 메모하는 것이다. 웃게 만든 일, 가슴을 따뜻하게 한 일, 감동받았던 일 등 사소한 것이라도 좋다.

가난한 흑인 가정에서 사생아로 태어나 어머니와 아버지의 집을 오가며 불안정한 생활을 했고, 9살 때 남자 친척들에게 성폭행을 당해 큰 상처를 받았으며, 술과 마약으로 절망 속에서 사춘기를 보낸 소녀가 있었다. 그녀는 지금 전 세계에서 가장 영향력 있는 여성으로 불리는 토크쇼의 여왕 '오프라 윈프리'다.

그녀는 극단적인 어려움을 이기고 현재의 성공과 행복을 이룬 비법으로 '매일 감사노트 쓰기'를 꼽았다. 그녀는 '최선의 인생을 살 수 있는 원리는 감사의 지혜를 깨닫는 것이다. 감사할 일이 없다고 생각하면 계속해서 하나도 없을 것이고, 있다고 생각하면 하루하루 하나씩 더 생길 것이다. 나의 감사노트란 하루 동안 일어난 일 중 가장 감사할 만한 5가지를 골라 적는 방식이다. 난 감사노트를 쓰면서부터 감사할 거리가 더 많이 생겼다. 우리 주변에는 감사해야 할 일이 아주 많으며 그것을 매일 기록해야 한다'고 말했다.

고려대학교 경영대학원 김영기 교수는 한 언론사 칼럼을 통해 '감사노트'의 효과를 이렇게 설명한다.

《마틴 셀리그만의 긍정심리학》으로 유명한 미국 펜실베이니아대학교의 마틴 셀리그만 교수는 '사람을 행복하게 만드는 데 정말 중요한 것이 무엇인지'에 대한 연구를 했다. 임종실험 등 많은 절차를 거쳐 내린 결론은 '행복한 사람은 희망, 사랑, 감사하는 태도의 3가지 특질을 가지고 있다'는 것이었다.

이 중에서 희망과 사랑은 가꾸기가 어렵지만 감사의 태도는 그나마 쉬운 편이다. 피터슨 교수는 실험에서 감사 편지를 써오라는 숙제를 내주고, 그 편지를 대상자들에게 전달하게 하였는데, 사람들이 감격해서 어쩔 줄 몰라 하는 것을 보고 연구팀도 놀랐다.

연구팀은 이런 행복한 느낌을 어떻게 하면 오래 지속시킬 수 있을까를 연구하기 위해 새로운 과제를 주었다. 하루하루 감사한 일 3가지와 그것이 왜 자신에게 의미가 있는지를 노트에 적게 한 것이다.

6개월 동안 계속된 이 실험 후에 참여자들의 행복도를 측정했더니, 대부분 '6개월 전에 비해 매우 행복해졌다'고 응답했다. 현재의 상태에서 행복하게 되는 원리는 일상의 생활에서 긍정의 생각을 하는 것이며, 여기에 '감사노트'는 매우 효과적인 방법이다.

혼자서 감사노트를 쓰는 것이 어렵다면 사회운동이나 캠페인에 참여하는 것도 좋은 방법이다. 행복나눔125운동(손욱 회장)의 핵심은 다음과 같다.

첫째,　　일주일에 1번은 착한 일을 한다.

둘째,　　1달에 2권의 좋은 책을 읽는다.

셋째,　　하루에 5개의 감사 일기를 쓴다.

이것을 응용한 버전이 ENK교육컨설팅의 'ASK 511(Attitude-일 5개 감사쓰기, Skill-주 1회 감사행동, Knowledge-월 1권 감사독서)' 캠페인이다. 혼자 걷는 길은 외롭고 힘들지만 함께 걷는 길은 즐겁고 신난다. 감사노트 쓰기가 포함된 캠페인을 통해 좀 더 많은 사람이 행복해지길 바란다.

초급:
교과서에 메모하기와
교과서 베껴 쓰기

그림을 잘 그리려면 미술책을 살펴보고, 음악을 잘하고 싶으면 음악책을 살펴봐야 하듯이 노트 정리를 잘하려면 교과서를 분석해야 한다. 교과서가 어떤 형식으로 구성되어 있는지 꼼꼼히 살펴보면 노트 정리를 어떻게 해야 할지 감이 잡힐 것이다.

교과서는 대주제와 소주제, 본문 내용, 이미지(그림, 지도, 사진, 도표), 용어설명, 생각하는 활동, 여백 등으로 구성되어 있다. 교과서의 구조를 좀 더 자세히 설명하면 다음과 같다.

첫째, 목차(주제)에 해당하는 대단원과 중단원, 소단원은 눈에 잘 띄게 굵고 큰 글씨로 나타낸다.

둘째,   주제 사이에 여백을 충분히 두어 메모하기 편하게 한다.

셋째,   핵심어는 굵은 글자나 색깔, 밑줄 등으로 강조한다.

넷째,   각 페이지마다 다양한 이미지를 곁들여서 이해를 돕는다.

노트 정리도 교과서 구성처럼 하면 된다. 교과서의 구성을 익히면서 노트 정리와 친해지는 방법으로 '교과서에 메모하기'가 있다.

신성일의 《나만의 똑똑한 노트필기 공부법》에 소개된 이하연 양의 사례를 살펴보자. 그녀는 특별히 사교육을 받지 않고도 자기주도학습을 통해 외고에 진학했다고 한다. 그녀만의 스스로 공부법의 핵심이 바로 '교과서에 메모하기'다. 그녀는 선생님이 설명한 내용과 유인물에 있는 내용, 노트에 있는 내용을 모조리 교과서에 메모해서 단권화한다. 교과서와 유인물, 노트를 따로 보는 것보다 한꺼번에 보면 연관성이 있어서 이해가 잘되기 때문이다.

예습할 때는 교과서 내용을 쭉 읽어보면서 중요한 내용은 연습장에 쓴다. 수업을 들을 때는 선생님의 판서 내용과 따로 설명하는 내용을 노트에 필기한다. 그리고 집에 와서 노트의 내용을 교과서에 옮겨 적으면서 정리한다. 이런 과정에서 자연스럽게 복습이 된다. 시험 기간에는 단원요약이나 압축정리를 하는 것보다는 여러 번 회독을 하면서 교과서를 완전히 외우는 편이다.

과목별 노트 정리법에 대해 그녀는 이렇게 말한다.

다른 과목은 노트 필기를 하는 편인데, 국어는 따로 노트 정리
를 하지 않아요. 교과서에 정리하는데, 재미있게 공부하려고 하
는 편이에요. 예를 들어 정지용 시인의 〈향수〉를 배울 때, 작품
에 대한 것을 많이 찾아봐요. 시인의 다른 작품인 〈고향〉도 찾아
보고, 〈향수〉 노래도 들어봐요. 그러면 작품에 대해 좀 더 잘 이
해가 되니까 능률적으로 공부하게 되지요. 보통 학생들은 작품
에 정리하고 학습활동에 소홀해요. 그런데 저는 귀찮아도 교과
서에 나오는 모든 '학습활동'을 충실하게 정리해놔요. 교과서의
날개 문제도 빠짐없이 채워놓고요. 이런 활동이 사고력을 넓혀
주기 때문이에요.

이번에는 과목별로 교과서에 메모하는 방법을 살펴보자.

첫째, 국어는 작품에 꼼꼼하게 적어야 한다.

국어는 작품을 통해 개념을 이해하는 과목이므로 노트보다는 교
과서에 정리하는 것이 효과적이다. 작품을 일일이 노트에 옮겨 적
기 어렵기 때문이기도 하다. 수업 시간에 선생님의 설명을 들으면
서 교과서의 해당 내용에 바로바로 메모하고 표시하면 된다. 수업
후에는 자습서나 문제집을 참고해서 복습하면서 작품에 보충 메모

를 한다. 이때 작품의 내용이 연결되는 특성을 고려해서 화살표를 적극적으로 활용하는 것이 좋다.

둘째, 영어는 주제를 파악하고 줄거리를 요약해야 한다.

영어는 교과서든 문제집이든 자연스럽게 읽고 해석할 수 있는 독해력이 중요하다. 독해력은 어휘와 문법이 관건이므로 매일 조금씩 어휘력을 높이면서 문법 실력도 차근차근 향상시켜야 한다. 특히 초등 고학년 때 문법을 바탕으로 기본적인 영어의 문장구조를 이해해야 중학교에서 어려움을 겪지 않게 된다. 독해를 할 때는 글을 읽으면서 주제를 찾아내고 주요 내용을 요약해서 정리하는 것이 일반적인 방법이다.

셋째, 수학은 어려운 문제의 개념을 메모해야 한다.

수학은 개념을 친절하게 설명하는 교과서와 유형별 문제로 이해를 돕는 익힘책이 있다. 교과서나 익힘책의 문제를 풀 때는 틀렸거나 쉽게 풀지 못한 문제에 대해 잘 대처해야 한다. 이 문제에서 어떤 개념을 몰라서 틀렸는지, 이 문제가 원하는 개념이 무엇인지를 정확히 알아야 다음에 비슷한 문제가 나와도 틀리지 않는다. 교과서나 익힘책의 문제 옆에 있는 빈 공간에 메모를 하거나 포스트잇에 메모를 해서 붙여놓으면 다음에 문제를 다시 풀 때 도움이 된다.

넷째, 사회는 용어를 중심으로 메모해야 한다.

많은 학생이 사회를 어려워하는 이유는 용어 때문이다. 따라서 주제에 등장하는 용어와 본문에서 설명하는 용어를 이해하는 데 초점을 맞춰야 한다. 예를 들어 역사의 경우 흐름을 파악하는 것이 중요하다. 교과서에 나오는 학습 자료를 꼼꼼히 이해하고 이미지를 잘 분석하면서, 화살표를 사용해 눈에 띄게 정리한다. 단원이 끝날 때마다 주제를 정리하기 위한 '되짚어 보기'가 있는데, 노트 정리가 잘되었는지 확인하는 데 큰 도움이 된다.

다섯째, 과학은 실험관찰 중심으로 메모해야 한다.

과학 교과서는 배워야 할 개념과 관련된 사례를 먼저 제시하고 개념을 설명한 후에, 구체적인 실험 관찰을 통해 다시 한 번 개념을 이해하도록 구성되어 있다. '무엇이 필요할까요'에서는 실험 도구의 사용법을, '어떻게 할까요?'에서는 실험 과정을, '생각해볼까요?'에서는 실험 관찰의 결과를 메모한다.

교과서에 메모하기가 익숙해졌다면 '교과서 베껴 쓰기'로 수준을 높이면 좋다. 베껴 쓰기를 하면 교과서를 집필한 글쓴이의 생각 패턴을 읽을 수 있으므로 독해력과 이해력, 사고력 등이 크게 좋아진다. 재미와 감동을 느꼈던 부분은 더 큰 재미와 감동을 느낄 수 있고, 이해가 안 되었던 부분은 자연스럽게 이해가 된다. 학습 내용을 자연스럽게 정리하고, 전체 내용을 조감할 수 있어서 기억도 오래간다.

교과서 베껴 쓰기의 효과는 시험을 볼 때 크게 부각된다. 시험문제를 풀면서 헷갈릴 때 베껴 쓰기를 한 부분은 손이 제2의 뇌 역할을 해서 신기하게도 어떤 단원의 어느 부분에 관련 내용이 있는지 정확한 기억을 떠올리게 한다. 이런 경험을 직접 하게 되면 베껴 쓰기에 빠져들 수밖에 없을 것이다.

교과서가 과거의 사건을 다루고 있어서 재미가 없다면 현재에 일어나는 사건을 다루면서도 교과서의 구성과 비슷한 '신문'을 베껴 쓰는 것도 좋은 방법이다. 신문도 주제와 중심 내용, 이미지, 추가 정보 등으로 교과서와 비슷한 구성과 형식을 갖추고 있다. 주제는 크고 굵은 글씨로 강조하고, 핵심 정보를 통해 주제의 내용을 쉽게 확인할 수 있으며, 이미지를 사용해서 지루하지 않다. 한쪽에는 추가 정보를 실어 이해를 돕고 있어서 마치 정리된 도로처럼 구분이 잘되어 있다.

'NIE'란 말을 들어본 적이 있을 것이다. 'N(Newspaper)' 'I(In)' 'E(Education)'란 '신문을 교육에 활용한다'는 뜻이다. 명칭은 '신문활용교육'이고 '엔아이이'라고 읽는다. NIE를 통해 통합적 사고력과 비판적 사고력, 창의적 사고력, 분석적 사고력 등을 향상시킬 수 있고, 독서능력 향상, 세계에 대한 인식 증가, 어휘력과 독해력 신장, 성적 향상 등의 효과를 기대할 수 있다. 매일 신문의 헤드라인을 하나씩 베껴 쓴다면 이런 기본적인 NIE의 효과와 더불어 주제와 핵심 정보 파악능력도 향상되고, 지식과 정보를 체계적으로 구성하는 능력도 좋아지며, 짜임새 있는 노트 정리도 가능해질 것이다.

중급:
노트 정리의 확인사항과
기본형식

《나만의 똑똑한 노트필기 공부법》의 저자 신성일은 노트 정리로 자기주도학습에 성공할 수 있다는 뜻으로 재미있는 내용을 소개한다. 언어유희적인 방식으로 자기주도학습의 앞글자를 따서 노트 정리의 핵심사항을 정리한 것이다.

첫째,   '자'는 자기 스스로 정리하는 것이다.

둘째,   '기'는 기본구조로 정리하는 것이다.

셋째,   '주'는 주요 내용을 정리하는 것이다.

넷째,   '도'는 도표로 정리하는 것이다.

다섯째, '학'은 학습목표를 정리하는 것이다.

여섯째, '습'은 습관적으로 기록하는 것이다.

'자기 스스로 정리하라'는 말은 선생님이나 친구가 정리해준 요약노트가 아니라, 교과서를 기반으로 스스로 정리한 노트로 시험 준비를 해야 한다는 의미다.

'기본구조를 익히라'는 말은 교과서의 목차에 나오는 대주제(대단원), 소주제(소단원), 중심 내용으로 이어지는 구조를 파악하라는 의미다.

'주요 내용을 정리하라'는 중요한 내용과 중요하지 않은 내용을 구분해서 꼭 필요한 내용 중심으로 정리하라는 의미다.

'도표로 정리하라'는 알아보기 쉽고 이해도 잘되도록 하기 위해 텍스트 형태의 글을 도표에 담으라는 말이다.

'학습목표를 정리하라'는 학습목표가 공부의 지침이 되고 시험 문제도 이를 기반으로 출제되기 때문에, 단원 공부 전, 공부 중, 공부 후 등 최소한 3번은 봐야 한다는 의미다.

'습관적으로 기록하라'는 교과서와 유인물, 자습서, 문제집, 노트 등 공부할 때 사용하는 모든 대상에 기록을 한 후 단권화하라는 의미다.

《성적을 팍 올려주는 각 과목 노트 필기법》의 저자 이동재에 따르면 공부란 지식을 머릿속에 채우는 것이 아니므로, 지식의 연결고리를 제대로 이해하는 것이 중요하다. 또한 수능형 통합 교과적 지식을 습득하기 위한 가장 좋은 방법이 노트 정리라고 강조하였다. 그는 이렇게 말한다.

> 노트는 두뇌를 비추는 거울과 같다. 무엇을 어떻게 공부해야 하는지 모르고 책에 밑줄만 그으면서 앉아 있으면 시간만 낭비하는 것이다. 노트 정리를 스스로 하면 작성하는 과정이 즐겁고, 쓰면서 기억이 잘되며, 자신의 개성에 맞는 노트를 가질 수 있다. 우선 보고 듣고 읽은 것에서 중요한 것 중심으로 '정보를 모은다.' 불필요한 것은 빼고 필요한 것만 '선택한다.' 어떻게, 왜, 어떤 관계인지 '생각한다.' 이해하는 과정을 통해 '안다.' 노트에 정리하면서 '쓴다.' 이런 과정을 거쳐서 노트 정리가 완성되는 것이다.

공부는 건물을 지어 올리는 일과 비슷하다. 이 과정에서 노트는 건물의 설계도에 해당한다고 볼 수 있다. 그런데 설계도는 누가 가장 잘 그릴 수 있을까? 바로 그 집에 살 사람이 자신의 라이프스타일을 반영해서 그리는 편이 가장 좋을 것이다. 그래야 구석구석

편안하고 안락함이 스며들게 된다.

노트 정리도 마찬가지다. 노트는 생각을 표현한 것이므로 자신의 공부 성향과 뇌구조, 학습 내용을 조직화하는 방식을 고려해서 정리하는 것이 가장 효과적이다. 그래야 나중에 노트를 활용해 복습할 때 편하고 익숙하다. 설계도에 따라 건물을 지을 때 기둥이 튼튼해야 하듯이 노트 정리의 기둥에 해당하는 '기본'도 잘 지켜야 한다. 지금부터 하나씩 살펴보자.

'계획을 세우지 않는 것은 실패를 계획하는 것과 같다'라는 명언이 있다. 무슨 일이든 계획이 중요하듯이 노트 정리를 할 때도 계획을 세우는 것이 좋다. 그런데 왜 '계획'이 중요한 것일까?

《공부 상처》의 저자 김현수는 인지전략가 루벤 포이어스타인의 이론을 소개하면서, 계획 세우기를 통한 '예측'능력이 원인과 결과의 식별, 충동 제어, 범죄 성향 등에 영향을 미친다고 했다. 즉 '계획 세우기'가 미래를 현재화시키는 일임과 동시에 미래의 긍정적인 결과를 위해 현재 무언가 행동할 수 있게 한다는 것이다.

노트 정리 계획은 크게 3가지로 나눌 수 있다.

첫째, 어떤 과목을 노트에 정리할지 생각한다. 과목별 특성과 노트의 종류에 맞는 방식이 있으므로 잘 생각해서 선택해야 한다.

둘째, 어떤 목적으로 노트 정리를 할지 생각한다. 수업 시간 필기용인지, 복습하면서 정리용인지, 시험공부를 하면서 요약용인지 고려해야 한다.

셋째, 예습과 수업 시간에는 노트 정리를 어떻게 할 것인지 생각한다. 실질적인 노트 정리는 복습하면서 이루어지지만, 예습과 수업 시간에 어떻게 준비하느냐에 따라 노트 정리의 수준이 달라진다. 따라서 필기와 메모, 체크 등 적절한 선택이 필요하다.

〈생각하는 공부〉 신성일 선생은 '6하원칙'으로 노트 정리를 쉽게 이해할 수 있다고 말한다. 수영을 하기 전에 준비운동이 필요하듯이 노트 정리를 제대로 하려면 6하원칙(누가, 언제, 어디서, 무엇을, 어떻게, 왜)을 확인하는 준비가 필요한 것이다.

첫째, '누가'는 바로 자신을 말한다. 노트 정리는 나 외의 다른 사람이 대신해줄 수가 없으므로 남의 것을 베끼거나 빌려서 보면 도움이 안 된다는 것을 명심해야 한다.

둘째, '언제'와 '어디서'는 학교 수업 시간에 필기하고, 집에 와서 복습하면서 보충 정리한다. 수업 시간에 선생님의 말씀에 집중하면서 필기한 내용이 1차 자료가 되고, 복습 시간에 생각하면서 정리하면 노트가 2차로 완성되는 것이다.

셋째, '무엇을'은 수업 시간에 선생님이 판서하거나 설명하는 내용을 정리한다. 교과서의 주요개념과 참고서의 보충 내용, 문제집의 틀린 개념 등도 포함된다.

넷째, '어떻게'는 구체적인 노트 정리의 기술과 방법을 뜻한다. '형식이 내용을 지배한다'라는 말도 있듯이 어떤 형식을 선택하느냐에 따라 내용이 달라진다.

다섯째, '왜'는 중요한 것과 중요하지 않는 것을 구분해서 꼭 필요한 정보만 정리하기 위해서다. 노트 정리는 시간 낭비를 줄이고 정보 습득의 효율성을 높여준다.

노트 정리에도 기본형식이 있다. 신성일은 대주제와 소주제, 중심 내용을 '노트 정리의 3층탑'이라고 부른다.

주제와 중심 내용은 1묶음으로 정리해야 하고, 대주제는 큰 글씨에 빨강색, 소주제는 보통 글씨에 파랑색, 중심 내용은 작은 글씨에 검은색 등으로 크기와 색깔을 구분해서 주제가 눈에 잘 띄어야 한다. 주제와 소주제 사이, 소주제와 소주제 사이에 1줄을 띄우면 보기가 좋고, 구분되는 내용마다 번호를 매기면 더욱 보기 좋게 정리할 수 있다.

노트 정리를 할 때는 들여쓰기로 시작 글자의 줄을 맞추고, 보충 설명을 적거나 포스트잇을 붙일 수 있도록 여백을 충분히 두는 것이 좋다. 색깔 펜이나 형광펜을 적절히 사용해서 핵심 내용이나 중요한 부분을 강조하면 이해도를 높일 수 있다.

《공부생 노트필기》의 저자 최귀길은 다양한 노트 양식을 소개하면서 '형식이 내용을 지배한다'는 말이 무슨 뜻인지를 자세히 알려준다.

우선 노트는 과목별로 1권씩 여러 권을 가지고 다니는 것보다는 왼쪽에 3개의 구멍이 뚫려 있고 스프링으로 연결된 삼공노트 1권 쪽이 좋다. 과목과 상관없이 그날 수업한 내용을 모두 1권에 정리하는 것이다. 삼공노트에 정리한 후에는 노트를 낱장으로 찢어서 분리해 묶은 후 과목별로 바인더에 철해둔다. 바인더는 과목별로 정리하고 싶은 만큼 준비하면 되고, 집에 두고 다니는 것이 좋다. 학교나 학원에서 삼공노트에 필기한 다음, 집에 돌아와 바인더에 과목별로 정리하면 되기 때문이다.

노트는 선이 없어서 자유롭게 필기할 수 있는 무선노트와 선을 그어 형식과 틀을 갖춘 유선노트로 나뉘는데, 이는 공부 효율을 높이기 위해서다. 무선노트는 암기에 유리하고, 유선노트는 핵심어와 세부 내용을 나누는 데 효과적이다.

무선노트는 형식에 얽매이지 않고 자유롭게 그림이나 도형을 활용해서 학습 내용을 체계화시킨다는 특징이 있으므로, 단어 하나를 떠올리면 연관된 내용이 줄줄이 연상되는 네트워크 사고가 가능하다. 무선노트는 개념을 촘촘하게 정리할 수 있고, 자신만의 아이디어도 활용할 수 있다는 장점이 있다. 무선노트는 중심어와 주제, 제목의 순서를 어떻게 배열하느냐에 따라 여러 종류로 나눌 수 있다.

　유선노트는 가로선과 세로선의 분할 기준에 따라 종류가 달라진다. 세로선이 하나인 노트는 '이분할노트(코넬노트)'라고 하고, 세로선이 2개인 것을 '삼분할노트'라고 하며, 세로선이 3개 이상일 경우 '다분할노트'라고 한다. 자신의 필요에 따라 원하는 만큼 세로선을 긋거나 포스트잇을 사용해 참고 내용이나 보충사항을 적을 수 있다는 장점이 있다. 유선노트에서 세로선은 핵심어와 세부 내용을 눈에 띄게 구분하는 기둥의 역할을 한다. 예를 들어 개념 정리를 할 때는 왼쪽에 기본개념을 적고 오른쪽에 관련 그림이나 도표, 이미지 등 보충자료를 적는다. 오답 내용을 정리할 때는 왼쪽에 문제풀이 과정을 적고, 오른쪽에 오답에 대한 설명을 자세히 기록한다.

《공부생 노트필기》의 저자 최귀길의 '효과적인 노트 필기를 위한 십계명'

1. 기본 필기도구를 항상 가지고 다녀라.

2. 오른쪽 면부터 필기하고, 여백을 충분히 남겨라.

3. 핵심어와 비핵심어를 가려내라.

4. 약어나 기호를 사용해 필기 시간을 획기적으로 줄여라.

5. 필기에도 연습이 필요하다.

6. 몰아서 쓰지 마라.

7. 남의 노트를 베껴 쓰지 마라.

8. 예쁜 노트를 만들려고 하지 마라.

9. 특정 자료만 가지고 필기하려 하지 마라.

10. 무작정 외우려 들지 마라.

고급:
시기별, 수준별, 과목별
노트 정리법과 포스트잇 활용법

노트 정리의 효과를 높이려면 수업 전과 수업 중, 수업 후 등 시기별 특성과 상위권, 중위권, 하위권 등 수준별 특성, 국영수사과 과목별 특성을 고려해야 한다. 먼저 시기별 노트 정리법부터 살펴보자.

예습할 때는 수업 전 노트를 활용해서 이해력을 높여야 한다. 교과서를 전략적으로 읽으면서 핵심어와 세부 내용을 구분하고, 형식에 너무 신경 쓰지 않으며, 필기도구도 다양하게 갖출 필요 없이 대략적으로 정리하면 된다.

수업을 들을 때는 수업 중 노트를 활용해서 집중력을 높여야 한다. 삼공노트를 준비해서 제목과 날짜를 정확히 기록하고, 수업의 주제를 파악하기 위해 서론을 주의 깊게 들어야 하며, 보조자료를 충실히 보되 선생님 말을 잘 기록해야 한다. 자신만의 방식대로 재미있게 정리하고, 칠판에 기록한 내용은 모두 적어야 한다.

선생님이 전달하는 내용을 받아 적을 때는 그대로 적는 것보다 스스로 이해한 형태로 적어야 하고, 중요한 내용을 잘 파악하기 위해 목소리 톤이나 강약, 얼굴 표정, 제스처 등에 집중해야 한다. 선생님의 말이 빨라서 받아 적기 어려울 때는 약어나 상징적인 기호를 적극적으로 활용하는 것이 좋다.

복습할 때는 수업 후 노트를 활용해서 배운 내용을 자신의 것으로 만들어야 한다. 과목의 유형에 따라 정리방식을 달리하고, 빨리 끝내기보다는 정확하고 꼼꼼하게 해야 한다. 자신만의 기호나 순서를 적용해서 정리 시간을 줄이고, 마감 시간을 정해두는 것이 좋으며, 지속적인 습관으로 만들어야 한다.

시험공부를 할 때는 암기노트를 활용해서 완벽한 이해와 암기에 성공해야 한다. 지금까지 공부한 내용을 더욱 구체적으로 재조직하고, 비슷한 내용끼리 모아서 묶는 방식으로 정리하며, 이해와 암기가 잘 안 되는 내용 중심으로 재정리노트를 만들면 좋다.

노트 정리를 포함한 자기주도학습능력은 성적에 비례하는 경우가 일반적이므로 수준별 노트 정리법도 알아야 한다.

하위권은 '용어 정리와 목차의 구조화'부터 해야 한다. 교과서에서 다루는 개념을 이해하려면 용어부터 알아야 하고, 목차를 통해 흐름을 파악하면서 학습 내용을 구조화시켜야 한다.

중위권은 '개념 정리와 리뷰'에 중점을 둬야 한다. 수업을 듣고 교과서를 보면서 이해한 개념을 다시 한 번 충실하게 정리하고, 정리된 노트를 다시 보면서 보충해야 한다.

상위권은 '가지치기와 단원요약'이 중요하다. 정리된 노트를 반복하면서 추가로 알게 된 내용이나 심화 내용을 메모하거나 포스트잇으로 정리하고, 단원을 마무리하면서 요약정리를 한다.

최상위권은 '출제예상문제'에 초점을 맞춰야 한다. 각 단원마다 시험에 나올 만한 내용을 정리하면서 객관식(단답형)과 주관식(서술형) 문제가 어떤 식으로 출제될지 예상해본다. 즉 노트 정리는 '용어 정리 → 목차구성 → 개념 정리 → 심화내용 정리 → 단원요약정리 → 출제문제예상'으로 점차 수준을 높여가는 과정이라고 할 수 있다. 따라서 자신의 수준을 고려해 어디에서 시작할지 정하면 된다.

과목별로 노트 정리를 할 때는 확실한 정석이 있다고 생각하기보다는 다음의 정보를 참고해서 자신에게 잘 맞는 방식으로 완성해나가는 것이 좋다.

국어는 말하기, 듣기, 읽기, 쓰기를 아우르는 총체적인 언어능력이 중요하다. 교과서에 등장하는 작가의 작품 위주로 공부하면서 제시문을 이해하는 독해능력을 향상시켜야 한다. 매 단원이 4~5개의 작품으로 되어 있으므로 하나의 장르를 집중적으로 배우면서 작품을 이해하면 된다. 이때 유의할 점은 개념 정리를 할 때 각 장르의 기본개념부터 파악하고, 장르별 세부개념을 파악해야 한다는 것이다.

그런데 학생들이 시를 공부하면서 운율이나 심상, 표현방법 등은 어느 정도 설명하면서 '시'의 개념이 무엇인지는 잘 모르는 경우가 많다. 따라서 큰 개념부터 작은 개념까지 연결해서 파악하고, 작품을 통해 개념을 이해하는 것이 효과적이다.

이런 특성을 고려한다면 국어는 따로 노트 정리를 하는 것보다는 교과서에 정리하는 것이 좋다. 작품을 일일이 노트에 옮겨 적기가 어렵고, 교과서의 본문이 그대로 시험의 지문으로 출제되는 경우가 많기 때문이다.

작품의 개요나 기본개념은 노트에 정리할 수도 있지만 작품을 분석하는 내용은 교과서에 정리해야 한다. 국어는 어휘력이 바탕이 되어야 하므로 단어나 숙어, 한자성어 등 모르는 어휘가 나오면 사전을 찾아서 뜻을 적어야 한다. 글의 구조와 문체, 주제, 저자의 생각, 숨은 의도 등도 빠짐없이 적어야 한다. 내용이나 시점, 장소 등이 바뀌는 부분에서 문단을 구분하고, 각 문단별로 중심 문장을 찾는다.

예습할 때 자습서로 기본 내용을 파악한 후에 바로 관련 문제를 풀어보면 수업 시간에 지문을 다루면서 이해가 안 되었던 부분이나 어려운 내용을 교과서에 체크할 수 있다.

예를 들어 문학 분야 소설의 경우 주제와 함께 인물(성격, 갈등상황)과 사건(우연, 필연), 배경(시간적, 공간적), 구성 단계, 시점 등의 용어와 개념을 정리하면 된다. 비문학 분야 설명문의 경우는 글쓴이의 의도, 전개방법, 문단별 핵심 내용, 글 전체를 관통하는 주제를 파악하는 데 주력하고, 어떤 정보를 제공하는지 알기 위해 내용만 잘 간추릴 줄 알면 된다.

어떤 개념을 정리하든 항상 사례를 함께 정리하는 것이 좋고, 장르별로 어떤 부분이 부족한지 파악해서 집중적으로 보완해야 한다. 특히 논리적 사고력을 측정하는 수능 시험에서 좋은 결과를 얻으려면 출제자가 어떤 생각으로 문제 풀기를 원하는지 파악하는 것이 관건이다.

수학은 교과서로 기본개념을 다지고 다양한 유형의 문제를 많이 풀어봐야 한다. 국어에서 예습이 중요하다면 수학에서는 복습이 중요하다. 왜냐하면 수업 시간에 개념과 원리를 배운 다음 문제

풀이 과정에서 생기는 실수를 줄이고, 제한 시간 내에 문제를 푸는 것이 중요하기 때문이다.

수학은 개념을 정리한 개념노트와 문제를 풀면서 틀린 것을 정리한 오답노트를 함께 활용하는 것이 좋다. 개념노트는 왼쪽에 기본적인 용어를 정리하고 오른쪽에 보충 내용을 적는다.

수학 문제를 풀 때는 연습장이나 문제집의 여백에 풀지 말고 반드시 노트에 풀면서 개념과 공식, 문제풀이 과정을 적어야 한다. 그래야 계산 실수 여부와 개념이나 공식의 이해 여부를 확인할 수 있다.

수학은 각 단원 간의 여러 개념 사이의 연관성도 중요하므로, 비슷한 유형의 문제를 풀어보면서 공통점과 차이점을 분석하는 것이 좋다. 단원별로 핵심유형의 문제를 정리하면서 다시 풀 때는 다른 방법이 있는지 또는 더 간단하게 풀 수 있는지를 고민한다면, 새로운 유형의 문제를 접했을 때 접근방법을 찾기가 수월할 것이다.

영어는 어휘와 문법을 바탕으로 한 독해력이 중요하다. 따라서 모르는 단어나 어휘가 나오면 파생어와 함께 정리하고, 유의어와 반대어가 나오면 바로바로 메모하며, 지문의 구조를 파악하는 데 주력해야 한다. 어휘노트를 만들 때는 어휘와 문장, 뜻 등으로 구분해서 정리하는 것이 좋고, 문법노트를 만들 때는 왼쪽에 문장,

오른쪽에 설명을 적는다.

영어 독해의 핵심은 '주제 파악'이므로 영어 지문을 보면서 어떤 문장이 어떤 상황에서 어떤 목적으로 쓰이는지, 어떤 논리로 문장들이 연결되어 있는지 알아야 한다. 모르는 단어가 나와도 문맥에 따라 유추할 수 있도록 유연한 생각을 해야 한다.

수능 영어에서 고득점을 받으려면 추론능력을 키워야 하므로 비판적으로 생각하고 유추하는 능력을 향상시켜야 한다. 겉으로 보이는 어휘와 숙어, 문장구조를 바탕으로 글의 논리에 따라 출제자의 숨은 의도를 찾는 것이 중요하다.

사회는 다독을 통해 문제만 봐도 어느 단원의 어떤 내용을 묻는지 파악할 수 있어야 한다. 우선 목차를 보면서 전체적인 내용을 확인하고, 교과서 본문을 읽으면서 세부적인 내용을 살펴본다.

시험문제의 상당수가 그림과 그래프, 예제, 도표 등이 들어간 이미지가 포함되므로 교과서를 볼 때 잘 분석해야 하고, 노트 정리를 할 때는 왼쪽에 주제 정리, 오른쪽에 요점을 정리한다.

과학은 자연 현상을 조건 없이 받아들이는 자세가 중요하고, 주제와 본문에 포함된 핵심어를 잘 이해해야 하며, 각종 개념과 공식은 별도의 노트에 정리하고, 문제를 풀면서 자주 출제된 것을 유형별로 간추려 놓는다.

과학은 실험관찰이 대부분이기 때문에 목적과 과정, 결과를 바탕으로 자신만의 종합적인 결론을 내리는 것이 중요하다.

노트 정리의 효과를 높이기 위해 포스트잇을 사용하면 더욱 좋다.《나만의 똑똑한 노트필기 공부법》의 저자 신성일은 효과적인 포스트잇 활용법을 다음과 같이 제시한다.

첫째,   교과서와 노트 정리에 활용한다. 주로 보충설명이나 중요한 내용, 요약한 내용을 적는데, 개념이해에 필요한 순서, 종류의 나열, 공통점과 차이점 등이 대표적인 예다.

둘째,   구분하고 분류하는 데 활용한다. 공부범위나 시험범위, 체크해야 할 사항 등을 표시해둘 때 활용 가능하고, 책의 해당 페이지에 살짝 붙여두면 책갈피의 용도로 사용할 수 있다.

셋째,   공간을 활용한다. 암기가 필요한 개념이나 공식, 자주 잊어버리는 내용은 책의 표지나 책상, 컴퓨터, 벽, 방문 등에 붙여놓고 자주 볼 수 있다.

넷째,   공부하는 시간을 단축할 수 있다. 중단원이나 소단원의 핵심적인 주요개념을 정리해두면 복습 시간을 크게 줄일 수 있다.

다섯째,   목표와 스케줄 관리를 할 수 있다. 일주일 동안 할 일이나 오늘의

할 일, 과제나 리포트 등을 책상이나 필통에 붙여두면 잊어버리지 않고 잘 챙길 수 있다.

여섯째, 공부 명언을 적어놓는다. 공부에 도움이 되는 명언을 책상이나 노트에 붙여두면 동기부여에 도움이 된다.

일곱째, 예습할 때 질문거리를 메모한다. 예습을 하면서 이해가 안 되는 내용은 포스트잇에 메모해서 교과서에 붙여두고 수업과 복습을 통해 질문내용이 해결되었다면 교과서나 노트에 정리해놓으면 된다.

여덟째, 수업 시간에 선생님이 강조한 내용을 메모한다. 판서하거나 설명하면서 강조한 내용은 쉬는 시간에 포스트잇에 다시 한 번 메모해서 교과서에 붙여둔다.

아홉째, 시험기간에 활용도가 높다. 꼭 알아야 할 내용을 압축해서 정리해놓은 포스트잇은 시험기간에 위력을 발휘한다.

열째, 플래너처럼 사용하는 포스트잇 수첩을 만들 수도 있고, 지도 포스트잇이나 투명 포스트잇처럼 '특이한 포스트잇'도 활용하면 재미있다.

많이 쓰는 약어와 기호

☆ : 매우 중요

※ : 주의

ex : 예시(example)

cf : 비교(confer, compare)

vs : ~ 대

etc : 기타 등등(et cetera)

sig : 의미 있는(significant)

bg : 배경(background)

imp : 중요(importance)

f : 빈도(frequency)

info : 정보(information)

def : 정의(definition)

sol : 해법(solution)

re : 복습(review)

a : 다시 한 번(again)

w/ : ~와(with)

w/o : ~ 없이(without)

? : 의문사항

= : 같다

≠ : 서로 다르다

≒ : 비슷하다

〃 : 반복

⊂ : 포함한다

&(+) : 그리고

@ : ~에

O : 맞다

X : 아니다

→ : 그러므로

∴ : 결론

∵ : 이유

大(多) : 큰(많은)

小(少) : 작은(적은)

必 : 반드시 봐야 할 것

↑↓ : 증가, 감소

〈 〉 : 크다, 작다

∝ : 무한 반복 필요

시험 : 시험에 출제되는 부분

심화:
메모와 요약의 기술

초중고 학창 시절의 노트 정리 습관은 성인이 되어 대학이나 직장을 다니면서도 유용하게 쓰인다. 대학생이나 직장인 들에게 도움이 될 만한 좀 더 수준 높은 노트 정리기술을 몇 가지 살펴보자.

10년 전쯤 학습법 분야의 연구를 막 시작했을 무렵에 공개 세미나에서 특강을 할 기회가 있었다. 직장인이나 수험생 대상으로 어떤 주제가 좋을지 고민하다가, 당시 베스트셀러에 올라가 많은 인기를 얻었던 사카토 켄지의 《메모의 기술》과 학습법의 연관성에 대해 강의하면 좋겠다는 생각이 들었다.

강의를 시작하기 전에 청중에게 몇 가지 질문을 던졌다.

"《메모의 기술》을 읽어봤나요?"

"읽어봤다면 어떤 점을 느끼셨나요?"

"책에서 본 내용을 생활 속에서 얼마나 실천하고 있나요?"

"실천이 어렵다면 왜 그럴까요?"

사람들이 답변을 하면서 참여를 하자, 자연스럽게 '메모를 학습에 활용하는 방법에 대해 함께 알아보자'고 말하면서 강의를 시작했다.

《메모의 기술》 보도자료에는 다음과 같은 책 소개가 담겨 있다.

이 책은 메모를 제대로 하지 못해서 손해 본 사람, 메모를 해왔지만 제대로 활용하지 못하고 있는 사람들에게 메모 성공 기법을 터득할 수 있게 해주는 책이다. 메모는 키워드나 기호만으로 충분하다. 굳이 예쁜 글씨로 쓰지 않아도 된다. 평소 꼼꼼한 사람들은 자신도 모르게 한눈에 알아볼 수 있도록 예쁜 글씨로 깔끔하게 적으려고 애쓰는데, 이것이 함정이다. 메모는 남에게 보여주기 위한 것이 아니다. 나중에라도 본인만 알아볼 수 있으면 된다. 메모하는 습관이 생기면 자기도 모르게 손이 움직인다. 머리로 생각한 후 손에 명령을 내리는 것이 아니라 손이 저절로 움직인다.

메모를 잘하려면 먼저 메모의 필요성에 대한 절실함이 있어야 한다. 그래야 동기부여가 되어 메모를 시작할 수 있다. 메모를 하지 않아서 겪었던 안 좋은 추억을 떠올려 보라. 가정에서는 쇼핑 메모를 작성하지 않아서 물건을 덜 사거나 더 사기도 하고, 학교에서는 알림장에 메모를 하지 않아서 준비물을 빠뜨리거나 과제물을 제출하지 못하기도 하며, 직장에서는 상사의 업무 지시 내용을 메모하지 않아서 질책을 받기도 한다.

메모를 습관으로 만들려면 언제 어디서든 메모하고, 메모한 내용은 나중에 반드시 읽어보고 활용하며, 시간과 장소 등 환경을 먼저 조성하고, 손이 닿는 곳에 메모판을 걸어두고 생각나는 대로 적는 것이 좋다.

사카토 켄지는 책의 핵심 내용으로 '메모의 기술 7가지'를 소개한다.

첫째,　　　언제 어디서든 메모하라.

둘째,　　　주위 사람들을 관찰하라.

셋째,　　　기호와 암호를 활용하라.

넷째,　　　중요사항은 한눈에 띄게 하라.

다섯째,　　메모하는 시간을 따로 마련하라.

여섯째,　　메모를 데이터베이스로 구축하라.

일곱째,　　메모를 재활용하라.

일상이나 업무에서 바로 활용이 가능한 방법은 다음과 같다.

첫째, 전화를 걸거나 받을 때의 메모는 가능하면 상대방의 말을 빠짐없이 적고, 날짜와 시간과 숫자와 고유명사는 반드시 기록하며, 나중에 따로 요점만 정리해서 담당자에게 전달한다.

둘째, 인맥 관리를 위한 메모는 사람을 만난 후에 반드시 간단하게라도 상대방의 정보를 기록하고, 명함을 받았다면 만난 날짜와 장소, 그 사람의 특징을 그림을 활용해 적어둔다.

셋째, 독서할 때 메모를 잘하려면 메모지를 책갈피로 사용하고, 작가의 의도와 핵심 내용, 감상, 느낌 등을 적는다. 책에 소개된 방법 외에 명함 뒷면을 활용해 칼럼이나 강의를 위한 아이디어를 메모할 수도 있고, 휴대전화의 메모장이나 메시지 보관함에 메모를 할 수도 있고, 일정표나 탁상달력에 그날 있었던 중요한 일을 간단하게 메모할 수도 있다.

'수십 쪽짜리 보고서를 썼는데도 왜 건질 게 없을까?'

'1달 내내 준비한 프레젠테이션인데 왜 포인트가 없을까?'

'밤새워 공부했는데 왜 하필 빠뜨린 데에서만 문제가 나올까?'

'책을 볼 때나 사람들과 대화를 나눌 때 왜 항상 핵심을 놓치고 있는 것일까?'

이런 고민을 1번이라도 해봤다면 '요약력'이 부족한 것이다.

요약력은 시간과 노력의 낭비를 줄여주고, 노트 정리의 효과를 크게 높이는 비결이다. 《요약의 기술》의 저자 와다 히데키는 '요약'을 다음과 같이 정의한다.

요약이란 각 정보의 요점을 파악하는 데에서 한발 나아가 그 '요점'들을 논리의 '선'으로 연결시켜 전체적인 모습을 이해하는 것이다. 여기서 '요점'은 책이나 자료에서 끄집어내는 것이지만 논리의 '선'으로 관련 정보들을 잇는 작업은 스스로의 사고력을 동원해야 가능하다. 즉 요약훈련을 하게 되면 자연스럽게 논리적인 사고력이 배양되고, 그에 따라 판단력과 표현력도 향상된다. 따라서 요약의 기술은 자연스럽게 창의력과 문제해결능력으로 연결되어, 상대방의 의중을 꿰뚫어 협상을 성공으로 이끌거나 논리적인 기획안으로 거래처와 상사를 설득하고, 시장 현황에 근거한 효율적인 마케팅 전략을 구상하는 등 각종 비즈니스 상황에서 응용할 수 있다.

그렇다면 왜 우리는 요약의 기술을 배우기 어려운 걸까?

와다 히데키는 다양한 이유를 제시한다. 왜냐고 묻지 않는 사회, 감상 위주의 국어 교육, 논리를 가르치지 않는 교육 시스템, 사고의 균형을 깨뜨리는 수험 제도, 뇌를 갉아먹는 게임과 문자메시지,

두뇌 활동을 위축시키는 형식적인 회의 등이 요약력을 떨어뜨리는 주요한 원인이다.

요약의 기술을 향상시키려면 몇 가지 기본원칙을 지켜야 한다. 메모와 반복 확인으로 요약을 생활화하고, 자신만의 '필터'를 가져야 하며, 사실과 인용을 구별하고, 정보를 서로 엮어야 하며, 배경과 전후 맥락을 파악하고, 도해로 요약정보를 시각화하며, 요약정보를 검증하고 수정해야 한다.

한편 《요약력》의 저자 혼마 마사토는 '요약'을 다음과 같이 설명한다.

요약력이란 '세계를 잘라내어 전달하는 능력'이다. 복잡한 사회현상을 일일이 파악하는 것은 거의 불가능에 가까우므로 매일 계속되는 업무와 생활 속에서 '중요한 항목을 선별하고, 그것이 판단과 행동으로 이어질 수 있도록 정보를 잘 정리하는 능력(요약력)'이 요구되는 것이다. 요약은 명문(名文)이 아니라 의미가 명확하고 간결하게 정리된 명문(明文)이어야 한다.

요약력은 단순히 글자 수를 줄이는 것을 의미하지 않는다. 요약의 기준과 목적을 명확히 하고, 전체의 흐름을 파악하며, 키워드를 찾아내고, 핵심 내용을 선별하며, 정보의 중요도를 파악하고, 주어와 서술어를 찾은 다음에 결론 이외의 부분을 구조화하는 것이다.

요약력을 향상시키려면 몇 가지 원칙을 지켜야 한다.

첫째,　　전체를 이해한다.

둘째,　　글의 구조가 어떻게 되어 있는지 생각한다.

셋째,　　목적을 확인하고 중요한 부분을 선별한다.

넷째,　　남길 부분을 생각하면서 추상화한다.

다섯째,　헷갈리거나 오해가 생기지 않는 형태로 완성한다.

여섯째,　추상화를 잘한다.

일곱째,　사실과 주관을 잘 구분한다.

여덟째,　시각화해서 잘 전달한다.

아홉째,　제목을 잘 정해서 표제어를 붙인다.

열째,　　쉬우면서도 명확하게 표현한다.

　우리는 일상과 일터에서 매일 주위의 다양한 정보를 '요약'해야 하는 상황과 마주한다. 하지만 자신의 생각이나 마음을 요약해서 글이나 그림, 말로 표현하는 방법을 어디에서도 배우지 못한 것이 우리의 현실이다. 사회인으로 살아가는데 요약력은 매우 중요한 부분이므로 어떻게 하면 이를 향상시킬 수 있을지 지속적인 관심과 노력이 필요할 것이다.

많이 쓰는 약어와 기호

會 : 회의

企 : 기획 회의

M : 업무적인 미팅

Ⓜ : 사적인 미팅

T : 전화

F : 팩스

Add : 주소

Ⓗ : 회식

Ⓒ : 청구서

出 : 출장

Ⓗ : 비밀사항

☆ : 중요사항

休 : 휴일

@ : 메일

Ⓙ : 생일

* : 반드시 체크할 일

! : 아이디어

지금까지 다뤘던 내용의 요약정리

마지막 장에서는 '노트 정리 전문가들의 노하우'를 살펴봤다.

첫 번째는 '워밍업: 노트 정리력 테스트와 필기도구 추천'이었다.

노트 정리를 잘하기 위해 자신의 정리력이 어느 정도 수준인지 파악해야 하므로 테스트를 하는 것이 좋다. 자신의 스타일에 맞는 노트 정리방법을 찾기 위해 모범생형(네모형), 고집형(세모형), 꾸미기형(동그라미형), 자유분방형(별형)의 특성도 참고하면 좋다. 노트 정리를 잘하려면 자신의 취향에 맞는 필기도구도 중요하다. 필기도구를 챙길 때는 유의할 점이 몇 가지 있다. 연필보다는 볼펜을 쓰고, 볼펜 색깔은 5가지 이내가 좋으며, 선명한 색에 무향의 3색 펜을 1자루씩 준비하는 것이 좋고, 포스트잇은 사이즈별·색깔별로 준비해야 하며, 집과 학교에서 쓸 것을 따로 챙겨야 한다.

두 번째는 '입문: 마음대로 낙서하기와 취미노트 만들기'였다.

노트 정리에 대한 안 좋은 추억이 있거나 쓰는 것 자체를 싫어하는 사람이라면 '낙서'부터 시작하는 것이 좋다. 교과서, 참고서, 문제집, 노트, 프린트물 등 내가 자주 쓰는 물건에 자신의 생각을 자유롭게 담은 '낙서'를 해본다. 낙서가 별로 마음에 들지 않는다면 자신이 좋아하는 취미나 일상과 관련해 일기를 쓰거나, 수료식 날에 하는 것처럼 교환노트(롤링페이퍼)를 작성한다. 칭찬노트를 만들거나, 인생의 다섯 친구를 노트에 담거나, 꿈노트 혹은 감사노트를 쓰길 추천한다. 혼자 감사노트를 쓰는 것이 어렵다면 사회운동이나 캠페인에 참여하는 것도 좋은 방법이다.

세 번째는 '초급: 교과서에 메모하기와 교과서 베껴 쓰기'였다.

노트 정리를 잘하려면 교과서가 어떤 형식으로 구성되어 있는지 분석해야 한다. 교과서는 대주제, 소주제, 본문 내용, 이미지(그림, 지도, 사진, 도표), 용어설명, 생각하는 활동, 여백 등으로 구성되어 있는데, 노트 정리도 교과서의 구성처럼 하면 된다. 교과서의 구성을 익히면서 노트 정리와 친해지는 방법으로 '교과서에 메모하기'가 있는데, 과목별로 교과서에 메모하는 방법도 참고하면 좋다. 교과서에 메모하기가 익숙해졌다면 '교과서 베껴 쓰기'로 수준을 높인다. 교과서가 재미없다면 구성이 비슷한 '신문'을 베껴 쓰는 것도 좋은 방법이다.

네 번째는 '중급: 노트 정리의 확인사항과 기본형식'이었다.

노트는 건물의 설계도처럼 생각을 표현한 것이므로 자신의 공부 성향과 뇌구조, 학습 내용을 조직화 하는 방식을 고려해서 정리하는 것이 가장 효과적이다. 노트 정리의 기본에는 계획 세우기(과목, 목적, 방법), 6하원칙(누가: 자신, 언제: 수업, 어디서: 학교, 무엇을: 설명, 어떻게: 기술 활용, 왜: 구분 정리), 기본형식(3층탑: 대주제, 소주제, 내용) 등이 있다. 노트에 정리할 때는 스프링 삼공노트에 정리한 다음, 과목별 바인더에 철하는 것이 핵심이다. 노트는 암기에 유리한 무선노트와 핵심과 세부 내용을 나누는데 효과적인 유선노트로 분류되며, 각각 또 다른 노트로 나뉜다.

다섯 번째는 '고급: 시기별, 수준별, 과목별 노트 정리법과 포스트잇 활용법'이었다.

노트 정리의 효과를 높이려면 시기별 특성을 고려해야 한다. 예습할 때는 수업 전 노트를 활용해서 이해력을 높여야 하고, 수업을 들을 때는 수업 시간에 노트를 활용해서 집중력을 높여야 하며, 복습을 할 때는 수업 후 노트를 활용해서 배운 내용을 자신의 것으로 만들어야 한다. 노트 정리를 잘하려면 수준별 노트 정리법이 필요하며, 과목별로 할 때는 자신에게 잘 맞는 방식을 찾아 완성해나가는 편이 좋다. 또 포스트잇을 사용하면 노트 정리의 효과를 더욱 높일 수 있다.

여섯 번째는 '심화: 메모와 요약의 기술'이었다.

초중고 학창 시절의 노트 정리 습관은 성인이 되어 대학이나 직장을 다니면서도 유용하게 쓰인다. 성인들에게 도움이 될 만한 수준 높은 노트 정리의 기술이 바로 '메모의 기술'과 '요약의 기술'이다. 《메모의 기술》은 언제 어디서든 메모하기, 주위 사람들을 관찰하기, 기호와 암호를 활용하기, 중요사항은 한눈에 띄게 하기, 메모하는 시간을 따로 마련하기, 메모를 데이터베이스로 구축하기, 메모를 재활용하기를 소개한다. 《요약의 기술》은 요약을 '요점 파악과 요점 연결을 통해 전체적인 모습을 이해하는 것'으로 정의하고, 요약훈련을 하면 논리적 사고력, 판단력, 표현력, 창의력, 문제해결력 등이 향상된다고 한다. 《요약력》은 전체를 이해하기, 글의 구조가 어떻게 되어 있는지 생각하기, 목적을 확인하고 중요한 부분을 선별하기, 남길 부분을 생각하면서 추상화하기, 헷갈리거나 오해가 생기지 않는 형태로 완성하기, 추상화를 잘하기, 사실과 주관을 잘 구분하기, 시각화해서 잘 전달하기, 제목을 잘 정해서 표제어를 붙이기, 쉬우면서도 명확하게 표현하기를 강조한다.

⊙ 최원규쌤의 노하우

0. 지난 내용
1) 준비물 : 노트정리의 의미, 자신만의 방법찾기
2) 멘탈은 : 취미생활, 수면의 질, 긍정신호, 끝까지집중
   시작습관, 도움되, 독서목적 공통된결론

3) 책읽기
① 자신감있는 독서 : 습관형성, 쓰면서 읽어 → 읽는시간
② 생각 해보는 독서 : 책 읽기, 정리 → 관심 → 로직
③ 떠올려, 적기 : 중요한걸 간단히, 펜촉 받는것
④ 두괄 개념법 : 흐름 파악하는, 관심갖고, 예상하고, 선정리하
⑤ 책상 '끝보' : 3가지 (중요도·중요X), 문장 나누기
⑥ 안쓰. 쓰는 : 안쓰 (1~3단계), 쓰는 (주.부.세)
⑦ 학습 정리 : 흐름파악 (핵심, 두괄), 읽어지면 도움되
⑧ 예시확 정리 : 장점 모으기, 방법 수단거리
⑨ 예시각하기 : 모델화, 수식화, 수치화, 복습
⑩ 과목별 정리 : 특성 고려, 방법 선택하

1. 워밍업
1) 정리기억 테스트 : 무법생각해, 고려해해, 연계과정, 자유롭게반복
2) 축하도구 : 연필 < 볼펜, 삼색펜 (삼색, 투명) → 형광

2. 입력
1) 박식하기 ! 지각하는 통각, 자유롭게 생각
2) 취미노트 : 일기쓰기, 플래너노트, 취미노트, 감상노트, 정리노트

3. 출력
1) 요약의 메커니즘 : 구성파악하기, 저장된 찾아내기
2) 요약의 바깥쓰기 : 바깥쓰기, 선정리, 분류, 이미지. 용어외우기

4. 정리
1) 확인의 시작점 : 자기목소리확인, 문박상황해, 외구고, 정돈된거정돈
2) 기록해보 : 계획세우기, 6하원칙, 3중정리
3) 노트 연상 [모사1 : 위계, 흐름 간단히, 맵핑, 흐름 이해면
              유사2 : 순번, 丁해, 비교

5. 요약
1) 시기별 : 수업전 (미리파악), 수업중 (집중받), 수업후 (과정확)
2) 수업별 : 강의자료 (통읽·집중), 강의자료 (해당문단만), 실험 (간)
3) 감각별 : 감각X → 자신만의 방식으로 연상하
4) 학문특징 : 기본사항, 테마사항, 흐름파악한, 자신이 시험과
   ① 자동분류, 장기간검토, 시간단축, 흐름있게하, 핵심빼먹지
   ② 정리예의, 검색사항한, 시험기반한, 수정작업한

6. 신경
1) 메모리 기술 (사카토 겐지)
   ① 언제 어디서든, 사람 간다로, 기록 않으면, 간단히 써가
   ② 따로 사본만들기, 틈내어 메모리 작성, 메모 재활용한
2) 암묵의 기술 (암묵 지혜 만들기)
   ① 암묵 : 암묵적지식 + 암묵 연결 → 지혜 이루기
3) 암묵방법 (흐름 만들기)
   ① 암묵방법 : 긍정적 신념, 기억단계화 ⇒ 장기기억 누적

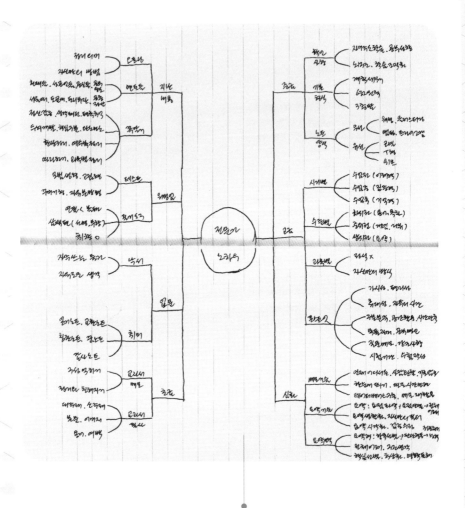

이미지 중심의 노트 정리

● 지금까지 다뤘던 내용의 확인 질문 ●

☑ 21세기 디지털 시대에 아날로그 노트 정리의 의미는 무엇인가?

☑ 자신만의 노트 정리법으로 노트 정리를 잘하려면 무엇이 필요한가?

☑ '닮고 싶은 멘토들의 노트 정리법' 중에서 누구의 어떤 방법이 가장 기억에 남는가?

☑ '노트 정리, 이것만은 꼭 알자'에서 가장 기억에 남는 건 무엇인가?

☑ '워밍업: 노트 정리력 테스트와 필기도구 추천'에서 가장 기억에 남는 건 무엇인가?

☑ '입문: 마음대로 낙서하기와 취미노트 만들기'에서 가장 기억에 남는 건 무엇인가?

☑ '초급: 교과서에 메모하기와 교과서 베껴 쓰기'에서 가장 기억에 남는 건 무엇인가?

☑ '중급: 노트 정리의 확인사항과 기본형식'에서 가장 기억에 남는 건 무엇인가?

☑ '고급: 시기별, 수준별, 과목별 노트 정리법과 포스트잇 활용법'에서 가장 기억에 남는 건 무엇인가?

☑ '심화: 메모와 요약의 기술'에서 가장 기억에 남는 건 무엇인가?

○○○ **노트 정리법을 위하여**

어떤 분야든 좋은 성과를 내려면 '이론과 방법, 사례'를 종합적으로 갖춰야 한다. 이번 책을 준비하면서 그동안 컴퓨터 자료실에 숨겨두었던 수많은 노트 정리 이론을 꺼내어 다시금 곱씹어 봤고, 여러 서점을 돌아다니며 노트 정리 전문가들의 방법을 섭렵했으며, 국립중앙도서관과 국립청소년도서관에 들러서 노트 정리 달인들의 사례를 살펴봤다. 이런 과정이 있었기에 스스로 만족도가 높은 책이다.

앞서 노트 정리를 잘하려면 '동기부여'와 '구체적인 방법'이 중요하다고 했다. 우선 자신이 3가지 유형 중에서 어떤 학습자인지 알아야 한다.

'시각적 이성형 학습자'는 좌뇌를 많이 쓰고, 논리적으로 따져서 결정하며, 텍스트(책)를 통해 배우는 것을 좋아한다. '청각적 감성형 학습자'는 우뇌를 많이 쓰고, 기분에 따라 결정하며, 사람(대화)을 통해 배우기를 좋아한다. '운동감각적 행동형 학습자'는 몸을 많이 쓰고, 경험에 따라 결정하며, 체험(실습)을 통해 배우는 것을 좋아한다. 학습 유형에는 좋고 나쁨이 없고, 그저 다를 뿐이다. 노트 정리를 하고 싶은 마음이 생기도록 '동기부여'를 원한다면 학습 유형에 따라 선택하길 바란다.

만약 눈이 발달한 시각적 이성형 학습자라면 '3. 노트 정리, 이것만은 꼭 알자'의 다양한 이론부터 본다. 귀가 발달한 청각적 감성형 학습자라면 '2. 닮고 싶은 멘토들의 노트 정리법'의 다양한 사례부터 본다. 몸이 발달한 운동감각적 행동형 학습자라면 '4. 노트 정리 전문가들의 노하우'부터 보는 것이 좋다. 물론 어떤 유형이든 가장 먼저 '프롤로그'부터 보는 편이 좋다.

일단 '동기부여'가 되었다면 구체적인 방법은 스스로 찾게 된다. 이 책에서 제시한 다양한 사례와 방법 중에서 자신에게 잘 맞는 방법이라고 생각되면 일단 시도해보기 바란다. 해보고 잘 맞으면 계속하고, 잘 안 맞으면 다른 방법을 선택하면 된다. 지속적으로 하나씩 방법을 활용하다 보면 자신에게 딱 맞는 방법을 찾게 될 터이다.

이것저것 다 시도해봤는데도 마땅치 않다면 '노트 정리'가 잘 맞지 않는 것이다. 그럴 때는 억지로 익숙하게 만드느라 고민하지 말고 학습플래너나 암기카드, 스톱워치 등 다른 학습 도구에 관심을 가져보기 바란다.

에필로그에 이 책을 효과적으로 읽는 방법을 제시하는 이유는 다시 한 번 책을 정독하길 바라기 때문이다. 우리가 책을 읽거나 강의를 듣고 기억나는 것이 없는 이유는 '1번밖에' 읽거나 듣지 않기 때문이다.

지난 10년의 학습법 연구결과 중 가장 중요한 발견은 '5회 이상의 주기적 반복(누적 복습)'이었다. 결국 이 책도 5번 정도는 봐야 노트 정리를 제대로 이해하고, 누가 물어보면 구체적으로 대답할 것이다. 먼저 평소에 책을 볼 때처럼 속도와 읽는 방법을 의식하지 말고 가볍게 통독하듯이 읽어라. 두 번째 읽을 때는 중요한 내용 중심으로 밑줄을 긋거나 포스트잇을 붙이면서 정독하라. 세 번째 읽을 때는 밑줄이나 포스트잇으로 구분한 부분만 보면서 필사하라. 네 번째 읽을 때는 필사한 부분만 보면서 핵심 내용 중심으로 요약)하라. 다섯 번째 읽을 때는 서머리를 카페나 블로그, SNS로 공유하면서 다시 한 번 확인하라.

만약 이런 방법이 어렵다면 조금 쉬운 방법으로 첫 번째는 묵독으로 통독하고, 두 번째는 정독하면서 밑줄을 긋고, 세 번째는 밑줄 그은 부분만 소리 내어 낭독하고, 네 번째는 밑줄 그은 부분만 손이나 컴퓨터로 베껴 쓰고, 다섯 번째는 기억나는 것과 느낀 점을 종합해서 짧은 글을 써봐도 좋다. 어떤 방식을 선택하든 이 책에 담긴 내용을 5번 이상 반복하겠다는 결단이 필요하다. 그래야 비로소 실천을 위한 행동이 뒤따를 것이다.

모쪼록 이 책을 읽는 모든 사람이 자신의 이름이 들어간 'OOO 노트 정리법'을 완성해 재미있고 즐겁게 공부하면서 꿈과 목표를 이루고, 좀 더 행복한 삶을 살게 되길 바란다.

노트 정리를 위한 트라이앵글은 정성과 노력, 꾸준함 이 3가지 뿐이다 - 감오행

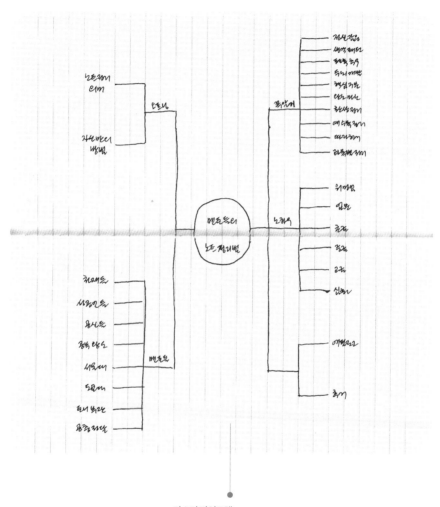

마스터 마인드맵

참고문헌

《생각하는 인문학》 이지성, 차이

《탁월함에 이르는 노트의 비밀》 이재영, 한티미디어

《에디슨의 메모》 하마다 가즈유키, 북플래너

《링컨 당신을 존경합니다》 데일 카네기, 함께읽는책

《바보처럼 공부하고 천재처럼 꿈꿔라》 신웅진, 크레용하우스

《한국의 메모 달인들》 최효찬, 위즈덤하우스

《메모의 정석》 김영진, 큰방

《나나 너나 할 수 있다》 금나나, 김영사

《하버드 감동시킨 박주현의 공부반란》 박주현, 동아일보사

《필기왕 노트 정리로 의대 가다》 김현구, 동아일보사

《EBS 공부의 왕도 1, 2》, 〈공부의 왕도〉 제작팀, 예담프렌드

《서울대 합격생 100인의 노트 정리법》 양현·김영조·최우정, 다산에듀

《도쿄대 합격생 노트 비법》 오타 아야, 중앙북스

《공부, 하려면 똑똑하게 하라》 토니 부잔, 중앙북스

《생각정리의 기술》 드니 르보 외, 지형

《유혹하는 글쓰기》 스티븐 킹, 김영사

《탤런트 코드》대니얼 코일, 웅진지식하우스

《티치미 공부법》한석원, 랜덤하우스중앙

《공병호의 공부법》공병호, 21세기북스

《노트 정리 시크릿》신성일, 문예춘추사

《초등 노트 정리법》신성일, 팜파스

《나만의 똑똑한 노트필기 공부법》신성일, 로터스

《공부생 노트필기》최귀길, 마리북스

《노트 한 권으로 대학 가기》이지은, 뜨인돌

《전교 1등 어린이 노트법》이지은, 뜨인돌어린이

《성적을 팍 올려주는 각 과목 노트 필기법》이동재, 큰나

《전교 1등 핵심노트법》김은실, 서울문화사

《하루 15분, 노트 필기 1등급 공부법 1, 2》이주연 외, 웅진웰북

《기적의 노트공부법》와다 히데키, 파라북스

《메모의 기술》사카토 켄지, 해바라기

《요약력》혼마 마사토, 영진미디어

내 성적을 바꿔줄
단 하나의 노트

2판 1쇄 발행 2025년 5월 1일

지은이 서상훈
발행인 조상현
마케팅 조정빈
편집인 봄눈 김사라
디자인 김성엽의 디자인모아, 유효경

펴낸곳 더디퍼런스
등록번호 제2018-000177호
주소 경기도 고양시 덕양구 큰골길 33-170 (오금동)
문의 02-712-7927
팩스 02-6974-1237
이메일 thedibooks@naver.com
홈페이지 www.thedifference.co.kr

ISBN 979-11-6125-537-8 (13370)

더디퍼런스 출판사는
다른 시선으로 세상을 담는 책을 만듭니다.